今天，喜愛基督國度的人多，願背祂十架的卻少。[1]

多馬・肯培（Thomas a Kempis）

靈修著作精選

生命成長17課

學習聖靈果子和八福

羅慶才 著

▼

靈修著作精選

生命成長17課

學習聖靈果子和八福

Pathways to Spiritual Growth

The Beatitudes and the Fruits of the Spirit

作者
羅慶才 Lo, Hing-Choi

責任編輯
羅慧琪

裝幀設計
奇文雲海 · 設計顧問

■

出版／發行
基道出版社
香港沙田火炭坳背灣街 26 號富騰工業中心 10 樓 1011 室
LOGOS PUBLISHERS
Unit 1011, 10/F, Fo Tan Ind. Centre, 26 Au Pui Wan St., Shatin, Hong Kong
電話：(852) 2687-0331　傳真：(852) 2687-0281
網址：https://www.logos.com.hk

承印
雅聯印刷有限公司

●

7/2012 初版
Cat. No. LP646A
ISBN: 978-962-457-446-3

Printed in Hong Kong

刷次	14	13	12	11	10	9	8	7	6	5
年份	2034	2033	2032	2031	2030	2029	2028	2027	2026	2025

自序

這書結集了兩個系列的講章，聖靈的果子系列乃宣講於二〇〇五年，而八福系列則是宣講於二〇〇九年，兩者都是為配合教會於該年度的主題而宣講的。經文本身當然是來自不同的聖經書卷，但不約而同地都與信徒的品格和屬靈的操練有密切的關係。

保羅所列舉的聖靈果子，是所有信徒都耳熟能詳的，但對果子背後的神學、信仰及屬靈意義有深入認識的，又未必很多，所以就有以此作宣講的動機。至於八福，情況也是一樣。信徒可能已經把這段經文背誦得滾瓜爛熟，但能明白其中對信徒的挑戰嗎？若缺少了深入的認識，單是背誦，在屬靈成長中，作用是有限的。

在我的理解中，在應用和實踐上，這兩段經文所發揮的作用，就是一方面描繪出信徒的形象，也標示出信徒應有的品格。形象若沒有品格作為內涵，就只是虛偽和假冒為善。但品格若沒有經過雕琢和塑造，也不會逐步成長、成熟。品格當然與道德操守有莫大的關係，但基督徒的品格，並非道德的修為，而是救恩的彰顯。這就是我們理解這些教導的出發點。

保羅所列出的聖靈的果子，按其本身沒有特別「屬靈」之處，因為即使一般人，不論有何宗教信仰，都應該流露出這些素質和內涵。果子的特別之處，就是保羅形容它為聖靈的果子，是聖靈充滿的表徵。換言之，保羅把一些看來頗為一般性的教導，視為聖靈的作為，是在基督裏的生命的流露，這就是經文獨特的地方，也是信徒所要重視的。在希羅社會的道德教育中，仁愛、喜樂、和平等都是值得推崇、鼓勵、欣賞的美德。但甚麼是美德？原來美德就是指一些有助社會運作順暢的元素，若缺少了這些，社會上就會出現很多磨擦，嚴重者會帶來癱瘓，甚至崩潰。美德的培養因此是如此重要，因為美德就像機器所需要的潤滑劑一樣，使人際關係這部龐大、複雜的「機器」運作暢順，不出亂子。站在信仰及屬靈操練的角度來看，這些都是信徒要努力建立和追求的品格上的素質。

至於八福，其重要性和適切性更是不言而喻的。按我的理解，登山寶訓的中心思想，就是天國子民的生活模式。耶穌來，宣告「天國近了！」（太四 17），因此，門徒需要「悔改」，學習如何在天國中生活，互為肢體。因此，登山寶訓就是信徒要往普天下去所傳的福音中，極為重要的一個單元。作為登山寶訓的「卷首語」，八福更是列舉出那些活在天國中的人生命裏應有的素質及內涵。另一方面，八福裏有明顯的末世論的元素，說明生命中具備這些素質的信徒，在天國中將會得著甚麼賞賜。「末世」並非一個遙不可及，或尚未實現的境界，而是已經發生了的「事件」，所以在信徒現實的生活中，若他們切實地跟從耶穌的教導，他們就已經獲得所應許的賞賜。

八福的教導的另一寶貴的地方，就是它既有深刻的屬靈意義，也有重大的社會意義，因為這些是信徒必須經歷的屬靈的操練。八福其實是對現實社會中的不公、欺壓、剝削等重大的批判，舉例說：為甚麼哀慟的人必得安慰（太五4）？因為「哀慟」是欺壓的結果，所以「安慰」就是欺壓被終止。他們何時才得安慰？他們現在就已得安慰，但最終的安慰是在天國，因為在神的國度中，這一切都被撫平。而介乎現實和天國圓滿的實現之間，就是信徒每天所過的生活，就是信徒學習在生命中建立虛心、哀慟、溫柔等美德的範疇的地方。當信徒都這樣行時，天國就展現在這俗世中。

這些講章，分別宣講於不同的年份，現在回望當時，覺得實在太奇妙了。為甚麼？因為計劃宣講這些信息時，根本不會知道將來有何事會發生。事後回望，就看見原來神是在暗中引導。

二〇〇五年發生了甚麼事？翻查檔案，當年觸目的事包括：香港開始從二〇〇三年三月爆發的「沙士」所帶來的經濟不景逐步復原；「性傾向歧視法」展開諮詢；黃毓民被商業電台解雇；馬會派免費帽引起混亂共有二十六人被踩傷；領匯上市有人提出司法覆核；世貿在香港舉行年會時，韓國農民的示威方式給港人極大震撼。

二〇〇九年發生甚麼事？翻查檔案，當年觸目的事包括：高錕教授獲諾貝爾物理學獎；劉曉波被判囚十一年；全球被捲入金融海嘯中；示威和申索聲此起彼落；因建築高鐵菜園村面臨強拆；香港人口突破七百萬；香港在貧富懸殊排行榜中名列第一；電盈私有化小股東硬吞了血本無歸的「子彈」。這是我在講壇上宣講八福的一年。

我們就是活在這樣的景況中，努力地去實踐和回應上主給我們的使命。

多謝基道願意把這些講章結集出版。若這小書能帶給人屬靈的啟迪，於願足矣。

小僕

羅慶才

二〇一二年六月

目錄

I

聖靈的果子

1 仁愛

撒母耳記上二十章 12 至 17 節

在聖靈所結的果子中，居首位的是仁愛。其餘的果子，固然可以個別獨立地來理解，但亦可視為是仁愛的剖析和演繹。所謂「仁愛」，可以指神對人的愛，或指人對人的愛。從上下文來理解，在這裏，相信仁愛應指人對人的愛。雖然如此，保羅所談論的仁愛，是在聖靈覆庇下的仁愛，是基督生命的內涵，所以這裏的仁愛代表人與人之間相互的愛之餘，其中亦加入了信仰和屬靈的元素。換句話說，即基督徒對人——不論是信徒還是非信徒——有愛心的行動或表達，是屬靈生命的流露和表達，是聖靈所結的果子。

仁愛是看重人過於一切

在二〇〇四年二月九日，《明報》刊登了一則新聞，內容講述兩名非洲肯尼亞的賽跑選手，亨利（Henry Wanyoike）及約瑟（Joseph Kibunja）如何在渣打馬拉松比賽中一同奪得冠亞軍的經過。

這兩名選手並非一般參賽者，因為亨利是失明的，而約瑟就是他的領跑員。報導說，他們兩人的手腕綁著一條有彈性的繩，約瑟在比賽過程中憑說話及控制繫在手上的繩，來引導亨利賽跑。當兩人快到終點，要衝線的一剎那，約瑟就稍為讓亨利傾前，使亨利能夠率先衝線。這樣，兩人跑贏了其餘超過五千名視力正常的參賽者，分別得到冠、亞軍。本來約瑟大可直衝向前，取得冠軍，但他卻甘心放棄這機會，抗拒這引誘，因為他知道自己只是領跑員。他甘心讓亨利得到冠軍，而且這不是第一次，也不是惟一一次，他這樣做了很多次。亨利在二〇〇〇年傷殘奧運會獲得金牌，亦是五千米、一萬米馬拉松的世界紀錄保持者，而每次約瑟都是他的領跑員。

這個永遠作「第二」的約瑟是否有不滿和怨言呢？他明確地說「不」，並且開心地表示自己十分享受在比賽中與亨利交談和唱歌！

這段報導是這樣結束的：「昨日頒獎時，約瑟小心扶著亨利上台，那一刻叫旁人想到，若有知心友在旁，很多身邊事物都不再重要。」

為朋友的緣故甘願一次又一次屈居第二，若不是因為愛，又是為甚麼呢？若這不是愛，這又是甚麼？若連這種無私、忘我、甘作綠葉的行動都不算是愛，那麼這世界就真的沒有愛了。在這個長滿了仇恨、爭競、忌恨等「野葡萄」的世界中，我們要努力遏止這些情慾的果子出現，又要努力地結出仁愛這類聖靈的果子。

聖經裏的仁愛

這故事令人想起大衛和約拿單的故事（撒上十八～二十章）。他們兩人的故事，可見於撒母耳記中記載大衛如何冒起，從一個牧童成為一國之君的故事裏（撒上十六 14～撒下五 10）。整段記載的目的之一，就是要為大衛最終能接掌王權一事辯護。這記載中的第一件重大事件，是以色列遭受非利士人步步進逼，正是非常危急之際，大衛殺了非利士陣中的歌利亞，把劣勢扭轉。而接著所記載的第二件事，就是掃羅的兒子約拿單與大衛的友情。

約拿單和大衛間的愛，譜出一個可歌可泣的故事。開始時，作者形容約拿單被大衛深深吸引著（撒上十八 1），他們兩人之前沒見過面，卻一見如故，短短三節經文中先後兩次提到「約拿單愛大衛，如同愛（ἀγαπᾶν；《七十士譯本》）自己的性命」（1、3 節）。而且這愛不是單停留在嘴唇上的，因為經文接著就說：「就與他結盟。」（3 節）「盟約」表示一種非比尋常的關係，不是隨便訂立的。為了表示訂立這約，或作立約的憑據，或表示隆重其事，「約拿單從身上脫下外袍，給了大衛，又將戰衣、刀、弓、腰帶都給了他」（4 節）。

這些衣物和武器並非普通物件，而是有高度象徵意義的，為甚麼？因為約拿單將會是王位的繼承人，這「外袍」等就是他作為儲君的身分象徵。現在約拿單把這些都送給了大衛，那豈不是暗示約拿單把自己承繼王位的權利拱手送給了大衛嗎？現代的讀者難免會有這聯想，但約拿單本人似乎沒有這樣的想法；在他對大衛的愛中，他重視大衛這個人過於這些身分的象徵。藉這無私的舉動，我們知道仁愛是看重人過於一切。

以愛面對困難

這不是一個單純的世界，約拿單與大衛的愛，是在極為複雜的處境下產生和維持的。使這環境複雜化的，是掃羅和他心中對大衛的惱怒、懼怕和嫉妒，並且他想把大衛殺死。這樣，約拿單就成了「夾縫中人」，面對著兩難的局面：他與敵對雙方都有密切而不可替代的關係，他如何能對雙方都保持忠誠？當忠孝有所衝突時，他要如何選擇？他有何選擇？

他選擇了作和平使者。在這時，他仍是父親所信任的儲君，所以掃羅把心中的計劃全都告訴了約拿單（撒上十九 1）。我們可以理解到掃羅的決定並非單單出於嫉妒，因為他要保存王位，為了自己，也為了約拿單；他看見百姓擁護大衛的危機，是禍根（參撒上十八 16；二十 31），必須於這威脅萌芽的階段把它消滅。

從某角度來看，掃羅向約拿單透露的是國家機密，但約拿單竟向大衛洩露了，這豈不是極其嚴重的背叛行為嗎？他有沒有為自己的父親著想？他有沒有為自己和家人的將來著想？難道他愛大衛愛到忘我，甚至是大義滅親的地步？

無論如何，我們都要欣賞約拿單的行動。他向大衛坦誠，把最機密的事告訴了大衛。另一方面，他又在父親面前替大衛說話，設法消除父親心中對大衛的猜疑和顧忌，藉此企圖讓這兩個與自己最親密的、但又互相為敵的人，化解寃仇，締造和平與和睦。他這樣做，其中很明顯並沒有半點個人利益的考慮。他的動機必然與他和大衛間的愛及約有直接關係。結果，他成功了，父親掃羅答應他收回自己的計劃，並且向耶和華起誓，以表示誠意（撒上十九 6）。

在這個階段，約拿單願意不顧自己的事，是基於對父親和對大衛的愛，讓自己成為一座橋梁，作為和平之子，在充滿仇恨的情況中努力結出和平的果子。

兩難裏繼續以愛相待

掃羅無法擺脫他心中對大衛的嫉妒和疑恨，依然要取大衛的性命。不同的，就是他不再讓約拿單知道（撒上二十 2），似乎父子間因大衛的緣故有了裂痕，至少掃羅不再完全信任約拿單了。

為逃避掃羅的追殺，大衛先逃到撒母耳那裏匿藏起來，一有機會就跑來見約拿單（撒上二十 1）。約拿單是個單純的人，不相信他父親會存有對大衛不利的企圖（2、9

節），但仍依然願意為大衛的緣故而探聽掃羅對大衛的態度（5～8節），替大衛作「間諜」。在這情形下，他向大衛說出了一段十分感人的說話（12～15節）。

約拿單向大衛表明，他必定不會背叛大衛（撒上二十12～13上），必會告訴大衛他父親的意欲。在這方面，約拿單作了明確的道德取向。我們需要知道，若約拿單要維持對大衛的忠誠，就等如要背叛他父親掃羅，因而背負著叛國的罪名。

約拿單是否意識到將來有一天，大衛會成為以色列的統治者？撒母耳是在暗中膏立大衛的，掃羅應該對此事絕無所聞，因此約拿單本人也應該對大衛被膏立的事一無所知。在這大前提下，約拿單這番不知情的話就有很特別的重要性（撒上二十14～15），當中有點「預言」的味道。

約拿單對大衛說：「願耶和華與你同在。」（撒上二十13下）表面上，這是一句普通的祝福說話，但在這個以大衛登基作王為主題的故事裏，卻有特殊的重要性，因這記載的主題重點之一，就是大衛作王的最終原因是神與他同在（撒上十六18；撒下五10）。從這角度看，約拿單似乎是默認大衛將來必有一日會登基作以色列的王。這理解有何根據呢？理由是約拿單說：「如同從前與我父親同在一樣。」（撒上二十13）神如何與掃羅「同在」？難道這「同在」是一般性的嗎？這是不可能的，因為掃羅能作王定是神同在的結果，所以約拿單的話只有一個合理的解釋，就是指掃羅作王一事。既然如此，現在約拿單表示願耶和華與大衛同在，那麼這話的含義豈不是很明顯嗎？約拿單意識到大衛將來要作王。

在這大前提下，約拿單請求大衛要以慈愛待他和他的後人（撒上二十 14～15）。他要求大衛不單在他還活的時候要這樣行，即使在他死後，當「耶和華從地上剪除你仇敵的時候」（15 節），也不可停止這慈愛。約拿單與大衛之間的愛，是生死之愛，是可以把自己的命運前途託付給對方的愛！這樣的愛不會因利益衝突而消逝，也不會因死亡臨到而終止！在這愛中，完全沒有個人的考慮。請看約拿單所說的話：「耶和華從地上剪除你仇敵的時候」（15 節），誰是大衛的「仇敵」? 在當時，全國上下無人不愛大衛，與大衛為敵的除了約拿單的父親掃羅外，還有誰呢？

當我們聽見這話，再回憶起約拿單曾把自己的外袍等私人物品送給大衛時，我們就明白到整件事的意義了。約拿單本來是王位的繼承人，但他卻將這與生俱來的權利拱手奉送給大衛，甘心樂意地承認了大衛的地位。因為他愛大衛，就甘心成為「第二」。事實上，約拿單連「第二」也當不成，因為約拿單最終與他父親並肩作戰，亦一同戰死沙場。這樣，他用自己的生命作為忠孝能並存的代價。約拿單是個悲劇人物，但他的行為卻是人間之愛最崇高的例子。

學習仁愛

約拿單的愛有何值得我們學習之處？

1. 因為經文中多次形容**約拿單愛大衛「如同愛自己的性命」**(撒上十八 1、3,二十 17),所以這稱得上是「愛人如己」的愛。約拿單愛大衛;在開始時大衛其實未能給予約拿單任何利益,這關係完全是一面倒的,一方是儲君,而另一方則是牧人,身分低微,不被人看重,連他自己的父親也不重視他(撒上十六 11)。試問約拿單能從大衛身上得著甚麼益處?但約拿單不只沒有考慮自己的利益,更毫不猶疑地把自己的外袍等——他地位和身分的標記——送給了大衛。按現在香港流行的說法,這是不折不扣的「利益輸送」,而約拿單卻沒有半點猶疑。正如保羅所說:愛是「不求自己的益處」(林前十三 5)。
2. **約拿單的愛是可以讓人「付託終身」的愛。**大衛在最危急的時候把自己的安危託付在約拿單手中,請求他相助,而約拿單也答應了。約拿單的愛表現於他守信用和忠誠。大衛把自己的性命交在約拿單手中(撒上二十 3、8),約拿單因著對大衛的愛,毅然承擔起這重大的責任,也為了救大衛的性命而冒喪失自己生命之險(33 節)。約拿單對大衛忠心,就不得不與父親勢成水火,他父親也不再信任他(30 節),甚至要殺他(33 節)。這是沉重的代價,但約拿單與大衛有約在先,而他也愛大衛,所以就背上不忠和不孝的罪。
3. **約拿單愛大衛,使他有量度和胸襟接受大衛將來會代替他,成為以色列的君王的事實。**這事說來容易,在實際的情況中，任何人都能想像其中的難處和約拿單要作的犧牲。他把自己和子孫的命運交在大衛手中，表明他有超人的觸覺和洞察力，看見他父親掃羅在妒火中燒的情況下所看不見或拒絕接受的事實。他甘願讓大衛「跑出」，自己毫無怨言地「跑第二」。雖然在整件事中，神的旨意本來如此，人無話可説，但在人的視野裏，這毫無疑問是「讓賽」。約拿單值得我們向他致敬和學習。

4. 因為約拿單的愛和相助，不惜與父親決裂而要維護大衛，大衛從本是牧童到坐上以色列王的寶座的過程中，排除了不少困難；約拿單的相助，間接斷了他自己作王的後路，直接地把大衛送到以色列王的寶座上。若大衛作王是出於神的旨意的話——而事實確是如此——那麼約拿單的行動不僅有意無意間配合了神的旨意，更在這旨意的成就上出了力。這事之美，美在**約拿單是完全發自內心的，在無約束的情況下本著赤誠的愛作選擇和決定**，沒有怨言，也沒有後悔。人能付出的愛，相信亦莫過於此！這仁愛的行動影響極為深遠，幾乎可以説，它塑造甚至是奠定了以色列今後的歷史！所以，在普天之下，每逢提起大衛，大家就必定同時想起約拿單。

總結

從約拿單這個充滿悲劇性的人身上，我們學會了「仁愛」的功課，仁愛是無私的、是捨己的，因此可以成為神的作為的一部分。

其實，大部分人實踐的仁愛不一定都是如此轟烈的。這樣轟烈的行動亦不是即興的，而是經過長時間培養和學習，甚至經過挫折，才慢慢結出來的果子。筆者很多年前從電台上聽到一首英文歌，歌名是"Little Things Mean a Lot"，其中一段歌詞是這樣的：

Give me your hand when I've lost my way,
give me your shoulder to cry on;
Whether the day is bright or gray,
give me your heart to rely on.
Send me the warmth of a secret smile,
to show me you haven't forgot,
Now and forever, that always and ever,
little things mean a lot.[1]

中譯：

當我迷路時伸手牽引我，讓我能依你肩膀痛哭；
不論是晴天陰天，讓我能對你置以全心信賴。
只需向我微微一笑，讓我知道你並未忘記，
因為不論何時何地，現在或將來，事雖微小意義卻重大。

轟烈的愛在世間畢竟屬於少數，大多數時間都是由小人物以相濡以沫式的行動把愛流露出來。這些行動雖不會成為報章的頭條新聞，但卻是生活中的調味料，替枯燥的、乏味的、充滿緊張和惡性競爭的生活，加添一點色彩、價值和意義。

讓我們本著基督的愛和榜樣，在聖靈的帶領和栽培下，努力地結出仁愛的果子，使人能認出我們是基督的門徒，是屬靈的人。

禱告

本身是仁愛的主，求祢教導我們明白愛，也能夠去愛。在這個充滿猜疑、彼此攻擊的社會中，讓主的愛，賜我誠心去愛的能力。阿們。

思考問題

❶ 仁愛作為聖靈的果子之首，有何意義？

❷ 為何仁愛是聖靈的果子？

❸ 除文章中的例子，聖經中還有其他關於仁愛的例子嗎？

2
喜樂

傳道書二章 24 至 26 節，三章 12 至 13 節

我們心中有喜樂嗎？

上世紀九十年代，根據一個國際性的統計，現代人每天平均僅開懷大笑六分鐘，較四十年前減少三分之二時間。大聲歡笑可能是最表面、最公開、最容易讓人知道我們開心與否的標準，這樣若以大笑的次數或時間長短作為衡量標準，現代人的確活得不太快樂。

那麼，喜樂何處尋？也許傳道者的教導可給我們一點啟發。

尋找喜樂

傳道者說：「我知道世人，莫強如終身喜樂行善」（傳三 12），所謂「行善」，在傳道書二章 24 節的翻譯是「享福」，所以這話可以翻譯為「莫強如終身喜樂享福」。這

話聽來有點莫名奇妙，也似乎有點多此一舉。難道人沒有喜樂享福的本能，還需要傳道者多費唇舌嗎？相信對於我們，問題是喜樂過度，而非不知道應該喜樂。

事實上，現實環境中的確有很多因素能令人喜樂盡失，傳道者列舉了一些常見的原因：

1. **人的成就是很有限的**，即使能夠有過人的成就，這成就最終又有何意義？倘若這一切辛辛苦苦用血用淚爭取得來的成就，只會被後人糟蹋的話，那麼自己一生的成就豈不是都沒有意義嗎（傳二 18～23）？能夠有過人的成就當然值得驕傲，但一想到這些成就是無以為繼的，會被人破壞的，那麼本來值得喜樂的事反會令人覺得毫無意義，令人愁煩。對一班升斗市民而言，這沒有甚麼大不了，但對一些雄心勃勃想轟轟烈烈地幹一番大事業、名垂千古的人來説，一想到後人如何繼承他們留下的成就其實不由他們操縱的時候，就會洩氣。
2. **社會上的欺壓和不公**會令人笑不出來（傳三 16～18，四 1～3），為甚麼？因為層層的欺壓徹底地踐踏人的尊嚴了，將人等同野獸一般，使人生存於世就要遭受折磨，連胎死腹中的嬰兒也不如。當然，有人有本事苦中作樂，但這本事並不能把欺壓人的事變得合理或正常。在香港這個貧富懸殊的都市中，窮人也可以有窮人之樂，但很多時這些樂趣是在沒有選擇之下，被迫產生出來的。遭受欺壓，要感到喜樂是不可能的。

3. **嫉妒他人的成就**（傳四4）也會令人得不到喜樂。傳道者的陳述其實很富現代氣息，因為他所講述的嫉妒的性質，與我們想像中的不同。在我們的經驗中，我們常常會因旁人的成就超越自己而嫉妒。但傳道者的意思卻是，我們是因為嫉妒旁人而追求更大的成就和優越，這種嫉妒的心理狀態就成了人付上諸般努力的動力。這種競爭，把本來可以從成就得到的滿足和喜樂完全抵銷了。根據《明報》於二○○四年八月二十三日的報導，哈佛大學曾經進行了一個研究兩年，訪問了一萬名十九歲或以上人士。發現有些人雖然入息不高，卻為了要得著社會的認同和讚賞，就搬去一些收入較高人士居住的地區居住，誰知這反而令他們不開心。這報告的結論是，人的快樂程度與鄰居的財富是成反比的。假設有兩個人，皆已婚和擁有相同的年薪，若其中一人的鄰居比他更富有，而另外一人則比鄰居略為富有，則前者會比後者更覺得自己落後於人。

4. **孤獨**也會使人的喜樂大大減少。因為隨著孤獨而來的，就是無意義和無目標（傳四7～8），本來是開心的事也會變得淡而無味。當我們覺得某件事沒有意義時，我們還會樂意去做嗎？當我們知道某件事根本是毫無意義的，我們在做這事的過程中會有喜樂嗎？傳道者所形容的孤獨，一方面是指無人可以與之分享；

當無人可以與之分享，再值得高興的事也會顯得黯然失色。既然沒有人分享，那麼再努力去做，也毫無意義。試問喜樂豈能從無意義的事而來呢？這到底是為誰辛苦為誰忙？

5. 世間上有很多**不由人指揮或控制的事**（傳一15，五13～17，六1～6），根本是人無法參透的。這些事往往為人的生命造成很多叫人坐立不安的陰影，令人覺得生命無常、難測，感到無奈和無能為力。倘若這是人生的內涵，那麼喜樂從何而來呢？

人生裏的定時

我們注意到傳道書二章24至26節和三章12至13節，好像一對括弧一樣，把中間的經文（三1～8）包圍起來。這是一段熟悉的經文，用正反對比的方式，把種種一般的人類行為隨意地排列起來，並沒有一定的次序、因果關係。在這些行為中，除了生和死是不由人控制，其餘的都是人可以決定的，即如人可以決定栽種或拔出。這本來沒有甚麼大不了，那些行為本身並沒問題，問題是要表現這些行為的時間，就是所謂的「定時」——一些客觀外在的環境或情況；當某「定時」臨到時，人就要做在該「定時」內應該做的。所以，在這大堆「定時」中，突顯了人生中的一種矛盾，就是在人可以作決定的事上，另有因素——「定時」——淩駕其上。這些「定時」不是由人所決定的，因此並不受人的操控。這些「定時」在人所作的決定之上加上了一些限制，以致人無法完全絕對自由作主，決定自己的行為。

這些「定時」，有開心的，也有不開心的，如三章3至4節指出：「殺戮有時，醫治有時；拆毀有時，建造有時；哭有時，笑有時；哀慟有時，跳舞有時。」7至8節則說：「撕裂有時，縫補有時；靜默有時，言語有時」，所指的可能是親人去世的哀悼和結束哀悼。「喜愛有時，恨惡有時；爭戰有時，和好有時。」這些「定時」，是人生真相和內涵的一種呈現和剖析，是喜樂參半的。表面上，人可以決定自己是哭是笑，但真正的決定其實不在人手中。當應該笑的處境或情況出現時，難道人會放聲大哭嗎？當應該哭的處境臨到時，難道人能開懷大笑嗎？

作者列舉出這些「定時」，目的之一是讓人知道其實我們是活在一個謎中。在這謎中，有些地方是人可以明白的，但對於大部分情況，人是無法掌握和明瞭的。在這謎中，人有活動的空間，但這空間很有限；人依然能作各種決定，但這些決定都受「定時」所限制。作者說「然而神從始至終的作為，人不能參透」（傳三11），這人所不能參透的、神的作為，就是11節中所說的「永生」，而所列舉的各樣「定時」，就是這「永生」的具體呈現。

在二〇〇四年十二月二十六日發生的南亞海嘯，就是一個例子。這樣的事，我們能預測它發生嗎？當然可以。現代科技進步，讓人能預測地震和海嘯等天災。那麼既然能夠預測，人就可以早作防備，減低傷亡和損毀的範圍及程度了，是嗎？地震和海嘯等天災發生，其實依照一定的自然定律，當這些自然的條件出現時，地震或海嘯就會發生。知道這一切，人應該會更安全，是嗎？若我們這樣想，就太天真了。這些條件出現，不是人的手可控制，當地震在「定時」來到，發生地震，各種條件集合起來，就會引發海嘯。頃刻之間，數以十萬計的人可以因此就喪失了生命。正是「生有時，死有時」，當這「定時」來臨，人真是無能為力。

這次海嘯，不單令受災的人家散人亡，簡直就把現代人認為科技能帶來保障的理想，並從中得到的那種安全感摧毀，蕩然無存。遭受不知名的、不受控制的力量威脅時，我們能開心嗎？

學習喜樂

在這種種問題包圍下，傳道者卻三番四次教導人要喜樂、吃喝和享福。可以如何實踐這教導呢？傳道者所教導的喜樂是怎樣的呢？傳道書的話應該可以給我們一點幫助和啟發。

首先，喜樂從何而來？傳道者肯定喜樂是「出於神的手」（傳二 24），「也是神的恩賜」（三 13）；「恩賜」就是禮物的意思。喜樂是神送給人禮物！

喜樂是甚麼？傳道者談論的並非甚麼屬靈的喜樂，而是很物質化的。但同時我們又要明白傳道者談及的「吃喝」（傳二 24，三 13），並非縱情的、不顧一切的、猶如沒有明天一般的大吃大喝，所指的其實是一般日常生活中人人皆可得著的享受和樂趣。傳道者並沒有倡導醉生夢死、放縱肉體、只顧追求物質享受的生活方式。他說「人莫強如吃喝」的意思就是，享受生活中一般、兩餐一宿的樂趣，能夠在茶餘飯後與家人或鄰舍閒話家常，沒有比這種喜樂更好。

重要的就是傳道者在這小市民的物質化享受中，能領悟出屬靈的道理，因為他**肯定這是神所賜的，是恩典，是神眷顧人的表示**。能夠享受神所賜的喜樂，是人最深刻、最真的屬靈經驗。

其次，在複雜又多變莫測的世界中，人如何才能喜樂？傳道者給我們的祕訣，就是要**肯定神是世界的核心**。

讀傳道書，我們會發覺作者對很多事物都存有懷疑，對許多人看為是真理或定律的事情，都提出了一些根本的疑問。但即使他發覺周圍有很多令人憂愁的事發生，他從來沒有因這些疑惑和困苦而懷疑神的存在，也沒有懷疑神基本對人的旨意的美善，要人在喜樂中生活。這一點很重要，因為不論實際環境如何，他從來沒有懷疑神掌管著世事，他的世界依然是以神為中心的，而這就是他能喜樂的原因。

第三，能**肯定神的作為是世界及人生的軸心**，是一種信心的表現，而喜樂就是由信靠神而來；以信靠為本的生活方式和態度，是人在百般局限中仍能喜樂的原因。能夠在種種令人不快的事中喜樂，是一種信心的表現，亦是對神的賞賜的最大尊敬、讚美、欣賞和感謝。

雖然我們時常把「感謝神」這句話掛在嘴唇邊，變成了「口頭禪」，但其實我們並不真正知道何謂「感謝」。讓筆者與大家分享一個見證。師母自小就患風濕性心臟病，在一九九三年，她需要接受換心瓣手術，但手術費非常昂貴。當時神學院為這事展開了一個籌募行動，結果籌得的款項遠遠超出手術所需要的費用。當時我的心情很矛盾，輕則是不好意思，重則是覺得「顏面無存」，好像要接受人的施捨般難受。記得當時與神學院同學到信義宗神學院參加「神學生日」，竟然有一個同學走來向我表示關心！我覺得奇怪，為何這個同學會知道此事，原來這事竟然被刊登在《時代論壇》的一個消息欄中！我就更不開心了。

現在我為甚麼要分享這見證？因為後來我想通了，我終於領悟到甚麼是感恩。我為何會因為學院為這手術籌款而不開心？是因為我覺得自己有失面子。為甚麼我要把自己當作這事的核心？籌得這筆款項豈不是神的恩典嗎？為甚麼我沒有以這種眼光來領會？活在恩典中卻不喜樂，這是對神作為的最大羞辱！我終於想通了，我們喜樂地去接受，就是對神的恩典和祝福的最大讚美與最真誠的感謝。後來，師母的手術費比預期的少很多，所籌得的款項成了神學院的一筆醫療基金，讓其他有需要的同工得到所需要的幫助。

第四，若我們能**信靠神**，就不會時常為人生中一些難明的、無法改變的事而煩惱，以致無法在喜樂中過活。其實，能否有喜樂，很大程度要看我們是否認識人在世界、人在神的創造中的地位。傳道者很知道人的局限，他也認為人需要正視這些局限。人要突破這些局限，就意味著人要去掌握一些根本無法掌握的事。這樣就會為人帶來心中很大的憂慮，使人無法按著神的旨意，在祂的創造中喜樂地過活。

傳道書五章 18 節至六章 6 節這段經文，正好是這方面的提醒。傳道者在五章 20 節說：「他不多思念自己一生的年日，因為神應他的心使他喜樂。」「不多思念」可理解為「不過分憂慮」。何謂過分憂慮？就是為一些自己根本無能力操控或左右的事而煩惱或擔憂。六章 1 至 3 節就是這教導的例子。傳道者所教導的，並非駝鳥政策，因為能坦然地接受自己的局限，其實也是信心的表現——甘心情願地把只有神才能掌管的事歸祂管理，而自己則活在祂的掌管和治理之下。

這正是傳道者在種種令人困惑的事中，仍能肯定喜樂是神的禮物的原因。這是神賜給人的禮物，也是神向人所存的旨意。

總結

傳道者的話一定會令我們聯想到耶穌在馬太福音六章 25 至 34 節的教導。這段「不要憂慮」的經文可說是個經典，也是眾多信徒所喜愛的經文。耶穌基督教導我們不要憂慮，這是值得我們學習和實踐的。但當我們從內心剔除憂慮以後，我們是否就有喜樂呢？未必。倘若把憂慮剔除後，我們不一定會自然而然地喜樂起來，把憂慮剔除只是消極的方法。我們還有積極的一面 —— 耶穌教導我們要「先求他的國和他的義」(太六 33)。若我們求「吃甚麼？喝甚麼？穿甚麼？」的話，這就會叫我們憂慮起來，因為當我們「求」這些時，就表示這些吃的、喝的和穿的變成了我們生命的核心，我們因此就一定會憂慮，失去了喜樂。但若我們把生命的焦點校正，不求所吃和所穿的，只專心地求神的國和神的義，那麼我們就沒有憂慮的原因了，因為我們的心已不在這些事上，因為神的國度已成了我們的一切。難怪在耶穌教導我們的禱告中，是先求神的國度降臨和祂的旨意行在地上，然後才求「日用的飲食，今日賜給我們」(11 節)。其實這些「日用的飲食」只是工具，是神為幫助我們追求祂的國度降臨、為祂的國度而活所賜給我們的。若我們反過來為日用的飲食而活，我們就會因憂慮而沒有喜樂。這是咎由自取的，也是對神恩典的羞辱。

以追求神的國度代替在心中為衣、食、住、行而起的憂慮，就是喜樂的源頭，是我們已經得救贖的印證，是屬靈的福氣，是聖靈在屬靈的人心中所結的果子。

禱告

賜人喜樂的主，這世上尋找喜樂的人何其多！感謝祢，我得著祢，就是得著喜樂。求祢幫助我領會祢所賜的喜樂是何等寶貴。阿們。

思考問題

❶ 甚麼能奪去人的喜樂？

❷ 甚麼事能令你經歷到真正的喜樂？

❸ 信主的人都能經歷喜樂嗎？為甚麼？

3
和平

馬太福音五章 9 節

大家是否覺得香港人愈來愈不講究禮貌呢？在公眾場所裏既不禮讓，也不友善，更遑論樂於助人。在香港，似乎愈來愈多人講粗口。還竟然有大學生認為講粗口並沒有甚麼大不了，認為這樣沒有問題，這簡直是不可思議！香港人也特別喜歡「搶」：乘坐公共交通工具時「搶位」，去年有人搶免費「麻將」等等，層出不窮。

從這個現象我們會想到保羅所教導的，屬靈果子中的和平。若單從是否講究禮貌這點看來，香港確是一個缺少了和平的地方，因此我們也需要提醒自己，在和平這點多下工夫。

認識和平

所謂和平，亦有平安的意思，包括的範圍分為個人與自己、個人與神、以及人與人的關係這三大範疇。這三個範疇緊緊相連，不能分割，若有所分割，那麼和平與平安就不存在了。不但如此，我們亦要緊記，真正的和平或平安是從神而來（羅十五 13）。因此和平也是屬靈操練的目標之一，不能與我們的屬靈操練分開。若我們發覺自己有欠和平或平安，那麼問題可能出自我們與神的關係。

和平作為屬靈的果子，是指人際關係上的和睦。詩篇三十四篇 14 節教導我們，「要離惡行善，尋求和睦，一心追趕」。而在羅馬書十四章 19 節，保羅勉勵我們「務要追求和睦的事與彼此建立……的事」。從上文十四章 1 至 18 節，我們知道保羅所指的是，要各人放下自己的成見，不要隨便互相指責和批評，乃是要彼此接納（13 節）。由此可見，和平或和睦應該是我們共同的目標。

但其實，我們所要「一心追趕」的，不只是弟兄姊妹間的和平或和睦，更是要與教會以外的人建立和平。因為這並非單純建立人際關係而已，其中更有著將救贖信息傳給他們的含義，和將福音傳遞的意義。我們作為和平的使者，藉此可以見證主的福音和救贖的大能。

建立和平，使人和睦

有關「和平」的教導，最值得我們思想和重溫的，應該是耶穌所宣告的八福系列中之第七項：

> 使人和睦的人有福了！因為他們必稱為神的兒子。（太五 9）

使人和睦的意思是，單是個人心平氣和並不足夠，獨善其身並不足夠，甚至息事寧人也不足夠，要在有不和的、有紛爭的地方建立、締造和平，這才是信徒要實踐的，這也是信仰的實踐。正如詩篇三十四篇 14 節的教導：「要離惡行善，尋求和睦，一心追趕」，意思就是我們單單等候和睦出現，甚至祈求和睦出現並不足夠，更要一心追趕。但我們如何可以實踐使人和睦？

若要追求和睦，就不要「以眼還眼，以牙還牙」（太五 38 ～ 42）。這句話所指的是報復，來自舊約（參出二十一 24；利二十四 20；申十九 21），基本上是指以司法、理性和公平的方式來解決紛爭，立法的目的就是避免仇恨不斷、無休止地延續和擴散。耶穌的教導更進一步：「只是我告訴你們，不要與惡人作對。」（太五 39）「不要」就是絕對禁止，沒有例外或特殊的情況。「惡人」就是指下文（39、40、41 節）提到的那些惡霸，而「不要與惡人作對」的意思，就是不要「還手」或報復。另一方面，「惡人」亦有那惡者的意思，即是邪惡的意思，「不要與惡人〔或惡者〕作對」並非要我們順從這「惡人〔或惡者〕」，而是不要效法世人以暴易暴的關係模式。若我們報復，那就是「與惡人作對」，我們便落在惡者的手下了。不報復，就能避免與惡人作對，脫離惡者的轄制和掌管。

在下文，耶穌列舉了五個例子來說明如何應用。首三個例子都是不合理的壓迫和侵權狀況：被侮辱（太五39）、無理的索償（40節）、強迫性的勞動（41節）。第四和第五個例子則相反，是當別人有求於我們時的情況。前者牽涉個人應有的權利被侵犯或剝奪，而後者則倒轉過來，別人有需要，請求我們幫助。這五個例子反映了耶穌的門徒在不同的情況如何使人和睦。在首三個例子中，耶穌教導我們放棄個人應有的權利；而第四和第五個例子中，信徒就要行使自己已經擁有的權利。在當時的社會環境下，耶穌所列舉的情況——特別是首三個——都可能牽涉猶太人遭受羅馬統治者橫蠻無理的壓迫和剝削，這樣很容易引發民族主義情緒，而耶穌作這教導亦會惹來聽眾反感。但因這緣故，這樣的社會環境只會強化了耶穌的教導的絕對性和肯定性，是不能妥協的。耶穌的話，並不一定能按字面的意思應用，但這話強調了一點，就是「和睦」應該是由門徒主動建立的，門徒似乎比別人有更大責任建立和平。

筆者在二〇〇五年四月一日的《明報》讀到張文光寫的短文，題目是〈寬容如復活節的百合花〉。這篇文章是針對曾蔭權而寫的；我們都知道曾蔭權是天主教徒，張文光的文章問曾蔭權是否從天主教的歷史中學到寬容的功課，從而為香港帶來生機和希望。他在文章中提到前教宗若望保祿二世（Pope John Paul II）曾在二〇〇〇年發表一篇千禧告解的文告，為教會兩千年來的罪孽尋求寬恕，也寬恕歷史上曾經迫害天主教的人。文章中提到：

> 這是歷史的大智慧和大寬容。天主教在歷史上有著迫害和被迫害的記錄。兩千年已經過去，歷史的血漬仍待昭雪，教宗勇敢地直面教會的錯誤，走出寬容與和解的第一步，讓苦難的靈魂得到安息。

文章中指出歷史上很多悲劇的產生，其實是因人不能容納異己，「當人們視強權為真理，無論這權力是皇權，還是革命政權，都不能容納異己，將異己除之而後快，只會迎來歷史的悲劇，像惡夢一樣不斷循環」。

這番話很有道理，當人放棄用和平的方法解決彼此間的分歧時，結果就帶來更大的傷害。當人以為對付暴力和不公平的方法就是使用更大的暴力，那麼人就會落入一個惡性循環中。耶穌基督的教導看來不可行，但其背後的真理是：（一）這惡性循環必須停止，基督的門徒應該起帶頭作用；（二）愛心、和睦、寬恕所發揮的力量，比暴力與不講理的強權力量更大。

以愛化解怨恨

在我們下結論之前，讓我們看以下的真人真事，是一個以恨作為序幕的愛的故事。

故事發生的地點是內地，當時是一九六六年發生文化大革命的年代。有一個人名叫何敢，他帶已懷孕的妻子到醫院作婦科檢查，醫院的女醫生田瑩告訴他，他妻子有難產的徵兆。誰知好心得不到好報，何敢竟然把田瑩拉出來批鬥她。批鬥期間，消息傳來，何敢的妻子大量出血，昏迷不醒。被人批鬥的田瑩二話不說，立即跑到醫院搶救何敢的妻子，結果救回了他妻子的性命，讓她剖腹誕下一名女嬰。何敢為了要感謝田瑩，替女兒起名叫夢瑩，要女兒永遠記念田瑩的恩德。

兩年後，田瑩因家庭背景不好，被下放到一個非常偏僻的山區，丈夫又因不堪折磨而去世，剩下兒子強強由田瑩照顧。何敢聽聞這消息，就立刻安排田瑩到他工作的大隊，而他本人也就成了田瑩母子的守護者。

到了一九七六年，四人幫倒台後，何敢被捕下獄，一個家庭似乎快要被拆散，何敢的女兒夢瑩因遭同學排擠而不敢上學。這時田瑩在城內工作，常常為他們送食物和金錢，又替夢瑩補習，後來更找機會把夢瑩的戶口轉到城裏，使她得以繼續唸書。

時光飛逝，轉眼間到了九十年代，田瑩的兒子和何敢的女兒雙雙從大學畢業，並準備兩年後結婚。但在一九九二年，長江沿岸發生水災，田瑩和夢瑩一同帶著醫療隊前往災區，正在山路行走之際，一塊大石突然滾下，夢瑩眼明手快，及時把田瑩推開，但自己卻被大石壓碎了右腿骨，最後要截肢。但田瑩的兒子強強沒有因此而嫌棄夢瑩，並按照原定計劃與她結婚。當報張刊登這故事時，強強正在加拿大多倫多講學，而夢瑩則在國內一間醫院內當婦產科醫生。

結出和平的果子的理由

可能我們都認為耶穌所提出的要求太難，無法做到，但從這真人真事來看，耶穌的要求是難的，但仍可做到。若何敢和田瑩等人可以做到，那麼我們又有何話可說呢？若我們連一般人可以做到的也望而卻步，那麼我們怎樣能夠披戴基督？

其實，耶穌提出了三大理由，說明我們要結出和平的果子，並以追求和睦為建立人際關係的模式。

1. 在馬太福音五章 9 節，耶穌解釋為何使人和睦的人是有福的——「因為他們必稱為神的兒子」。「神的兒子」就是其中的重點。這句話有以下的含義：(一)這是屬神的人的身分和地位；(二)神的兒子自然活在神的國度中；(三)所以神的兒子應該有合乎這身分和地位的風範和氣質；(四)得到這氣質的惟一途徑就是遵行神的命令，這就是耶穌在馬太福音五章 20 節中所講的「義」的意思；義就是神的命令或旨意。所以，追求和睦，使人和睦，結出和平的果子，這**是天國的生活方式，是真正屬靈的人的標誌**。
2. 在馬太福音五章 46 節，耶穌提到「賞賜」，祂所指的並非今生的賞賜，耶穌並沒有應許愛仇敵者會在今生得著各種各樣的(物質上的)好處。耶穌所指的「賞賜」是指天國的賞賜，就是當天國來臨時，在最後的審判中神向所有謹守祂誡命的人所宣佈的：「他們必稱為神的兒子」(太五 9)，這是至高無上的肯定。在教導中提出天國的賞賜，目的是要我們**以天國作為我們行動的基礎，作為我們在地上生活的基礎**。

3. 為何我們要以愛來建立和平，追求和睦？因為**天父是這樣做**，而「你們要完全，像你們的天父完全一樣」（太五 48）。天父怎樣行呢？就是「叫日頭照好人，也照歹人；降雨給義人，也給不義的人」（45 節）。但這有可能做到嗎？人怎能完全，像天父完全一樣？若我們從猶太人的背景來看，就知道「完全」是指一個人對神專注的心，是因為愛神而願意努力不懈地遵行神的誡命，一絲不苟，不「偷工減料」的意思，亦是申命記六章 5 節所教導的，「要盡心、盡性、盡力愛耶和華——你的神」的意思。耶穌的意思並非要求我們做足一百分，而是要我們專注地尋求、追求這目標，以「今天的我勝過昨天的我」為實踐的動力和目標。

成為和平之子

耶穌以甚麼為前提，教導我們要追求和睦？那前提就是被迫害（太五 11～12）！而這被迫害的處境又竟然是信徒為主作見證之情況（13～16 節）。耶穌從來沒有讓人認為跟隨祂是一件容易的事，祂要求祂的門徒背起十字架跟隨祂，試問有甚麼事比背十字架更難、更羞辱人呢？我們是一羣不完美的人，活著在一個不完美的世界中，所以要實踐天國的道理就更難。在這個充滿紛爭，每個人都要維護自己權益甚至不惜使用暴力的社會中，要結出和平的果子真是難上加難。有時我們會覺得自己生活在一堆荊棘中，稍一不慎就會被刺痛刺傷一樣。於是久而久之，我們會長出一層厚厚的保護層；久而久之，我們會習慣採用防守的姿態。我們既不主動傷人，也絕不容許別人傷害自己；我們期望維持休戰狀態，卻絕不會「伸出頭來」去促成人與人之間的和平。

但耶穌所期望的並非消極的自我保護主義，而是積極的建立和培養。讓教會成為一個培養，甚至能孕育出和平這果子的場所。讓我們都能努力地成為天國的子民，成為和平之子。

1. 我們要**注重屬靈的操練**，因為平安或和平是由神那裏來（羅十五 13、33），我們若不好好培養與神相交的關係，又怎能結出和平的果子？
2. 建立和平，結出和平的果子，要**由我們自己開始**，不要到不和紛爭出現時，才開始追求和睦，因那時已經太遲了。我們必須努力減少衝突與不和，甚至製造一個不和與紛爭無法出現的環境。我們可以奉行以禮待人，作為我們行事為人的原則，如多坦誠地與人溝通、多接納人、多向人問安、多關心別人；主動讓座給有需要的人，主動騰出空位給稍後來的人；在教會留意有沒有新面孔，關心他們，使他們有賓至如歸的感覺；少批評，多説有建設性的説話。在家中，我們要教導兒女以禮待人；成長中的青少年需要知道禮貌有如人的衣冠一樣，表示一個人的修養、內涵和氣質，要多注意和培養。成年人是社會目前的棟梁，要能以身作則，流露屬靈的風範，散發出和平的氣質。若我們不能以禮待人，那麼有一天，當我們發覺四週長滿了刺人荊棘和野草時，我們就不要把責備的指頭指向別人，因為這是我們自己一手做成的荒漠。

3. 我們要努力學習這功課——**在愛中寬恕**。這個世界中，人際關係有如荊棘蒺藜一般令人受苦；我們要把天國的樣式在其中實踐出來，因為寬恕正是救恩的精粹和內涵。若我們蒙基督赦免，卻不能寬恕得罪我們的人，那麼我們所作的就不能與悔改的恩相稱。

禱告

慈愛的主，人與人之間的關係常常因爭競而被撕裂，在這個滿佈紛爭的世界中，求祢賜我能力，願意作和平的使者，結出和平的果子。阿們。

思考問題

❶ 甚麼因素會導致在人與人之間失去了和平？

❷ 怎樣行才能作和平的使者？

❸ 聖經中有和平的使者的榜樣嗎？

4
忍耐

箴言二十五章 15 節；雅各書一章 19 節

耶穌基督的兩個門徒雅各和約翰，有綽號「半尼其」，即「雷子」意思（可三 17）。當耶穌準備最後一次上耶路撒冷的時候（路九 51 ～ 56），耶穌本來想在一撒馬利亞村落稍事停留，但那地的人不歡迎他們。那時雅各和約翰禁不住怒火中燒，對耶穌說：「主啊，你要我們吩咐火從天上降下來燒滅他們，像以利亞所做的嗎？」（54 節）

兩個門徒正是人如其名，動不動就要呼喚天上降下火來，把不接待他們的村落焚毀，他們性情之暴烈，可想而知。以為只要伸出一個斗大的拳頭，就可以得到應得的尊重和面子，又或是解決問題。這樣的人若不是性情殘暴，就是心智幼稚而不成熟，有如小孩子一樣，遇到不滿時動不動就「亂槍掃射」不滿的對象，以為自己成為「威風八面」的英雄。

保羅教導我們要結出忍耐這屬靈的果子，正是針對我們內心中的「雷子」。

認識忍耐

保羅所列舉的聖靈的果子中，忍耐的意思並非指耐性，而是指能克制怒氣，所以這忍耐就是控制憤怒情緒，更重要或準確的表達，就是不會輕易受人或事所影響而生氣或發怒。一系列聖靈的果子中，「忍耐」排在「和平」之後，這是不無道理的，我們也明白兩者有一定的關係。再者，在為人熟悉的「愛的篇章」(林前十三4)中，忍耐是愛的特質之一，而其後接著的特質是「恩慈」，可見三者的關係何等密切。

在香港，人人生活緊張，壓力又大，而且地少人多，活動空間又少，除了少數億萬富翁能夠用錢買一片天空，歸自己所有外，其餘升斗市民的生活空間有限，容易造成人與人之間的磨擦。所以，我們活在這「火藥庫」中，更需要學習忍耐的功課。

聖經中發怒的例子

人的怒氣若不受約束會有甚麼後果？我們只需看創世記中該隱的故事(創四1～16)，就可以知道怒氣所造成的破壞和傷害可以有多嚴重。

該隱與他兄弟亞伯兩人，本是相安無事的，直到有一天他們向神獻祭之後，風雲驟變，兩人之間出現了一道既深且闊的鴻溝，和諧的景象便蕩然無存了。我們無須討論神為何看中其中一人的祭品，卻不接受另一人的祭品，並神的接納與否跟奉獻者的為人有何關係，因為經文在這些方面的記述都很模糊，但獻祭的結果卻十分清晰：「該隱就大大地發怒，變了臉色。」(創四 5) 經文沒有向我們剖析當時該隱心中正經歷些甚麼，到底有甚麼念頭在他腦海中閃過，但相信他當時正在一個很重要的關口，或進或退都有著重大的後果和意義。從神向他講的一番話 (6～7 節) 就可以知道這點。耶和華警告、提醒他要格外小心，因為他正站在一絕嶺懸崖的邊沿，他要極為小心地處理他憤怒的情緒，不然就會落入萬劫不復的境地。

耶和華的話，是對該隱的勸導，應該產生緩衝的作用。若該隱能認真地聆聽耶和華的話，也許悲劇就不會發生。可惜，該隱可能因遭到拒絕，所獻的祭品沒有被「看中」，因而被羞恥、憤怒等情緒影響，沒有聽見耶和華的話，因而錯過其中藏著的機會。就這樣，某日該隱在田間「起來打他兄弟亞伯，把他殺了」(創四 8)。

實踐忍耐

保羅教導我們要結出忍耐的果子，這是抗衡憤怒情緒的途徑之一。但如何實踐呢？保羅是否要我們不論在任何情況或處境中都完全不發怒？這豈不是消極和負面的壓抑嗎？誰都知道這是不可能的。不過，我們必須明白，忍耐和壓抑其實有天淵之別，因為忍耐並非用意志力把一些情緒壓抑下去，而是以積極的方法和渠道加以疏導和處理情緒。

在神對該隱所說的話中，其實也反映了以上的原則。

神問：「你為甚麼發怒呢？你為甚麼變了臉色呢？」（創四6）耶和華這樣提問並不是因為祂不知道，需要該隱向祂解釋或說明，而是祂要造成一個空間，讓該隱可以冷靜下來，撫心自問，他到底為何發怒至「變了臉色」呢？

耶和華正在誘導該隱，要他冷靜和理性地處理他與亞伯間的紛爭與不和。祂誘導該隱切勿讓心中的憤怒如雪球般累積，若他心中有任何不滿，都不能藉憤怒發洩，而且當人在盛怒之時，是無法找到具建設性的解決方法的。換句話說，神正教導該隱學習忍耐的功課。從心理方面看，人在盛怒下可能會認為全世界都與他為敵、錯在別人，而自己則是清白、無辜，是受害人、被罪者、有冤屈，所以動怒也是應該的。這樣，憤怒的人反問自己「為甚麼？」會帶來很多好處：（一）這問題開拓一個讓人冷靜的空間；（二）這問題引導人為自己的情緒找到緩衝處，使積壓心頭的怒火得著抒解；（三）這問題使人尋找憤怒的根源；（四）這問題讓人有時間去尋找解決問題的途徑或方法。

盛怒之時反問自己「為甚麼？」，其實是控制憤怒情緒的一個很重要的原則：不要讓怒氣埋沒了理智，不要讓怒氣成為我們的主人，而我們則成了其奴隸。不論是一時衝動生氣，還是積存已久的怨恨和苦毒，我們都應該問自己這問題：「為甚麼？」能夠這樣問自己，是理性的表現，而且這樣問自己，可以讓自己有機會理性地尋找和了解心中怒氣的根源。

控制憤怒情緒

有學者在評論時，將經文中耶和華的話比作一個慈父對發脾氣的孩子的好言相勸、提醒和警告。耶和華的勸告或警告基於一個假設，就是該隱可以勝過心中的憤怒，不受其控制。耶和華的假設是我們的盼望所在！

耶和華對該隱說：「你若行得好，豈不蒙悅納？你若行得不好，罪就伏在你門前。它必戀慕你，你卻要制伏它。」(創四 7) 這話相信是舊約中意義最含糊的經文之一。或許有人認為上半節所指的是已經發生的事，即該隱和亞伯的獻祭，但我相信這話所指的是這時在該隱心中的怒氣，以及這怒氣可能帶來的後果。其實，神沒有看中該隱的祭品並不等如神不喜悅他本人，耶和華的話反映出祂同樣關心該隱的處境。而且，神一次看不中，不等如永遠看不中，所以該隱無須把這一次絕對化。關鍵在於這個時候，因為該隱正是「無名火起三千丈」。他身處極為危險的處境，其危險的情況就如家門外有一頭猛獸蹲伏著，隨時會將不小心的人吞噬一樣。這幅圖畫很傳神生動，但也令人心寒，它描述了人在盛怒的處境中是何等危險。這頭蹲伏著、兇猛無比的惡獸，就是罪，罪有極大的慾望 (urge)，現在罪正張開其血盆大口，準備要把該隱生吞活剝而後快。

儘管處境危險非常，該隱並非注定喪命於罪的爪牙之下，因為神對他說：「你卻要制伏它。」在原文中，「你」是強化的代名詞，強調了除該隱本人外，並無別人可以幫助他，但亦同時強調了該隱可以制伏罪的，因他本有這能力。我們可以這樣翻譯原文：「但你將要制伏它」（But you shall rule over it），這是何等重要的一句話，其中包含了何等重大的意義和應許！「將要」表示可能性，而這可能性存在，是因為人有這能力。這是十分重要的一句話，「憤怒」這頭猛獸雖然兇狠可怕，但人是有能力勝過牠的。人既然有能力，就等如有機會，就等如有責任把牠制伏。

就正如人有能力遵從神的命令，不吃禁樹上的果子一樣，人也有能力控制自己憤怒的情緒——這責任在人的手中。

學習忍耐

甚麼是學習和培養忍耐的最好方法和途徑呢？我們可以嘗試心理輔導，可以嘗試發展EQ，但最重要的就是心中要有愛，這是我們對付憤怒和憎恨的最好方法。若不是出於愛，忍耐就是消極的、負面的，並沒有建設性；若是出於愛，那麼忍耐就是積極的、正面的、帶著喜樂和盼望的，是能把人建立起來的。正如保羅在哥林多前書十三章4節教導的：「愛是恆久忍耐。」能忍耐就代表愛的得勝。

耶穌在登山寶訓中，包括關於如何藉愛處理憤怒的教導（太五 21 ～ 26）。在經文中，耶穌按照其一貫的作風，把「不可殺人」的訓誡提升到更高的層次，就是「凡向弟兄動怒的，難免受審斷」（22 節）；殺人者要受人的審判，但向弟兄動怒的，要接受天國的審判。然後祂舉出了一個實踐的指示，就是若未曾與弟兄和好，就不奉獻或敬拜（23 ～ 24 節）。耶穌所教導的實踐，似乎把原則又再推高一線，因為「弟兄向你懷怨」有可能是對方的錯，而耶穌的話就教導我們，即使問題出於對方，問題並不是因為自己的行為所引起，也要主動與對方尋求和解，幫助對方消除心中的怒氣。完成這任務後才獻祭。

耶穌的說話中表達了化解怒氣的關鍵包含了時間這因素：當正要獻祭時，若想起有怒氣尚未消除，就要立刻行動，先化解怒氣，然後再獻祭；還未去到官府，案件還未開審，就立即主動和解（太五 25 ～ 26）。耶穌的教導相信包含心理上的考慮，因為若不在怒氣萌芽時立時加以處理、化解和疏導，拖延下去就會愈來愈難處理，最終這怒氣會成了我們的主人，最終可引向殺人的行為。

不論是保羅的教導，或是耶穌基督的教導，消除怒氣，化解紛爭，實踐忍耐最重要的並非技巧而是愛。若沒有愛，這些與人相處的技巧很容易就變成操控和玩弄（manipulation），實踐這些技巧只不過反映我們將人當作機器一樣操縱或玩弄。若是出自愛，人的愛心自然會替人找出化解和消除怒氣的方法，不論那怒氣是從自己而出，還是自別人對自己的誤會而生。

總結

箴言二十五章15節：「恆常忍耐可以勸動君王；柔和的舌頭能折斷骨頭。」廣東人也有類似的說話：「四兩撥千斤。」就如聖經中很多教導一樣，是神自己的作為設定了忍耐的意義和標準：「耶和華，耶和華，是有憐憫有恩典的神，不輕易發怒，並有豐盛的慈愛和誠實。」（出三十四6）這話固然是神的自我啟示，亦總結了人對神的經驗；人因犯罪而經歷了神重重的責罰，但在這句話中所突出和強調的是「不輕易發怒」，即忍耐。神的忍耐並非因道德上的無能，而是因祂的憐憫和恩典，從祂的忍耐中流露出來的是慈愛和誠實。在這澎湃的愛中，包涵了堅強的盼望：因為祂等候人悔改，願意人悔改，祂一切作為的最終目的就是讓人悔改。若神真的發怒，這並不是神本性的流露，因為神的怒氣是祂的工具，為要成就祂在歷史中的作為，就是要人悔改。

要駕馭心中的憤怒是困難的，但並非做不到的。筆者在報章上看到一些很簡單又可行的原則，包括：

1. 絕對不用暴力。
2. 切勿讓怒氣沖昏頭腦。
3. 不要執著誰對誰錯，要學習妥協。
4. 無法息怒時，要作舒緩，避免衝突升級或積怨成恨。

保羅也為我們提供了一個實際可行的原則：「生氣卻不要犯罪；不可含怒到日落。」（弗四26）對猶太人來說，新的一天是由日落開始，所以「不可含怒到日落」的意思就是不要懷著怒氣開始新一天。試想想，神的怒氣尚且有期限，因為詩篇三十篇這樣記載：「他的怒氣不過是轉眼之間；他的恩典乃是一生之久。一宿雖然有哭泣，早晨便必歡呼。」(5節)我們就需要學習為自己的怒氣設定時限。但更重要的是，我們要藉屬靈操練來學習忍耐的功課，結出忍耐的果子，因為當我們的生命深深地植根在神的裏面，以主的心為心，多與主相交、合一，我們才有可能結出忍耐的果子。

禱告

憐憫人的主，求祢讓我知道如何實踐忍耐，教導我操練忍耐，以致祢那因憐憫而願意忍耐的形象，在我生命中呈現出來。

思考問題

❶ 為甚麼實踐忍耐是如此艱難？

❷ 在屬靈上，忍耐有何意義？

❸ 若要結出忍耐的果子，你的生命要有何調整？

5
恩慈

出埃及記二十二章 21 至 27 節；
馬太福音二十五章 31 至 46 節

香港社會的貧富懸殊問題愈來愈嚴重。有報導指香港在二○○五年的營商競爭力由前一年排行全球第六位，躍升至排行第二(93.1 分)，僅次於美國(100 分)，但高於新加坡、冰島及加拿大。對商家來說，無疑是個好消息。不過這消息對那些住在深水埗區，總人數達一百一十二萬的低收入人士來說，有何意義？他們的收入中位數是二千九百七十七元(2004 年數字)，有些一家四口家庭只能住一個四十尺的板間房。一如我們所知道的，香港居民的經濟狀況愈趨兩極化。由世界銀行所計算的、反映貧富懸殊情況的堅尼系數(Gini coefficient)顯示，香港的情況竟較埃塞俄比亞、中國、印度等發展中國家還要差，堅尼系數比美加歐洲等先進國家高很多。就香港而言，二○○一年的堅尼系數是零點五二五，一九九六年是零點五一八，一九九一年是零點四七六，而更早的一九八六年則是零點四五三。[1] 可見在過去二十年中，香港的貧富懸殊問題是愈來愈嚴重。

這個賺錢能力舉世聞名的香港，貧富差距卻愈來愈大；這正是我們思想和學習恩慈的課室和場景。

認識恩慈

在聖靈的果子中，恩慈與仁愛的關係很密切，因為恩慈應該是仁愛的表達，就如在「愛的篇章」中，保羅開宗明義地指出「愛是恆久忍耐，又有恩慈」(林前十三 4)。

甚麼是恩慈呢？在英文翻譯中，「恩慈」多譯作“kindness”，即仁慈、慈愛等意思。在新約，「恩慈」用來形容神方面的次數較多，意思接近恩典，就如以弗所書二章 7 節所陳述的：「要將他極豐富的恩典，就是他在基督耶穌裏向我們所施的恩慈……」，若參考英文翻譯，所用的字眼是“grace in kindness”，所以恩典與恩慈的意義是重疊的。若以神的行動為基礎，那麼「恩慈」所指的是一些源自愛心、自發的、全無利益考慮的、不計較的，以令對方得著益處的行動或行為。難怪在保羅的教導中，恩慈有三大重點：(一)是事奉主的人所應有的品格(林後六 1～10)；(二)是被聖靈充滿的印證(加五 22)；(三)是已蒙救贖的信徒所應有的標記，是能夠維繫信徒間的合一和諧所需要的條件(西三 12)。

恩慈與神的恩典

在舊約中，似乎沒有一個字詞與「恩慈」的意思相同，但在詩篇六十八篇 10 節：「神啊，你的恩惠是為困苦人預備的」，其中「恩惠」一詞在希臘文翻譯中是使用「恩慈」一詞表達的。另一個相同的譯法，則是在詩篇二十一篇 3 節：「你以美福迎接他」，其中「美福」一詞在希臘文翻譯中也是用「恩慈」來表達的。

上文提及的經文中，恩惠和美福其實是指神的恩典。我們都明白恩典的意思，就是把好處白白地施予有需要的人。這樣的行為正正是舊約的倫理教導的核心。舊約的倫理教導的基礎，就是以色列人是蒙神所拯救的百姓，這蒙救贖的經驗支配著以色列人彼此間的行為，成為他們建立社會關係的基礎和量度社會行為的準則。以色列既是因神的恩典而蒙拯救，那麼他們就順理成章地要成為施恩者，所以恩慈就是以色列人的倫理教導背後的動力，也是以色列實踐作為「祭司的國度，為聖潔的國民」(出十九 6)的方式和途徑。

所以，不要輕看小小的、恩慈的行動，對信徒來說，它內裏包涵了極重大的意義。

聖經中恩慈的例子

但甚麼才是恩慈的行為呢？讓我們回到聖經時代的生活處境中，尋找一些例子去幫助我們明白。在舊約時代，一般平民百姓的生活僅足糊口，大部分人都生活在社會的邊沿，很容易會落在極度困苦的景況，以致他們要賣田賣地，賣兒賣女，甚至把自己賣給別人作奴僕，藉此償還債項。若要避免這類事情發生，他們需要向鄰舍借貸，以渡過難關，所以借貸是十分常見的。在舊約的律法中，就有一些誡命是針對這情況而產生的。值得注意的是，舊約中有關借貸的律法，所針對的並非欠債的一方，而是針對放債的人，教導他如何借貸給有需要的人。我們可以把這些誡命歸納起來，統稱為「借貸的藝術」。

這「借貸的藝術」包括以下各方面：

1. 不可收取利息（出二十二 25；利二十五 37），原因之一是這欠債人並非普通人，而是神的子民，所以不能把他當作陌生人看待，其次從人道或道義上來說，藉人的困境而得利益，無疑是落井下石的行為。
2. 不可把別人的抵押品視為自己的個人財物（出二十二 26），在日落前把抵押品交還欠債人是種信任、體諒和憐恤的表示；欠債人仍有個人尊嚴。更進一步來說，放債人所拿的其實並非真正的抵押品，接受那欠債人僅有的衣服作抵押，不是要保障債主的利益，而是為了保護這落難的人的尊嚴。
3. 抵押品的選擇方面，亦有所限制：石磨的任何部分和寡婦的衣裳，均不可作抵押品（申二十四 6、17），因這樣做只會加添落難者的痛苦和悲傷。
4. 索取抵押品的態度也有所規定（申二十四 10～11），總括而言，就是有能力放債的人要重視欠債人的感受，不要叫對方的尊嚴受損。愈是貧窮的，愈是不幸的，就要愈加保護、珍惜和關心。這就是恩慈了。

這些看似瑣碎的規定，其實背後藏著很重要的道理：同情和憐愛。關於這道理，我們可以歸納出以下重點：(一)借貸予人的一方所付出的，其實並不只是物質，更是憐憫、同情、體恤和愛。(二)對內心存恩慈的人來說，借助給有需要的人是他服事別人、減輕別人苦楚的機會。(三)若要實踐恩慈的行為，就必須與落難者站在同一陣線，與落難者站在同一個位置上，視這落難者為「自己人」，而非「外人」。(四)如果借貸給人不是出於愛心和恩慈，那麼即使落難者一時的需要得到滿足，得著物質的幫助，他也同時遭受歧視、輕視和羞辱。

恩慈的重要

恩慈的行為是能彰顯神的形象的行為，是蒙救贖經驗的流露，是神國度裏的每個人都必須有的表現。難怪保羅說，這是聖靈的工作，是聖靈的彰顯。

耶穌曾經說過一段有關天國的話，提醒我們恩慈有多重要(太二十五 31～46)。在這番講話中，耶穌描繪了一幅末世審判的情景，當人子從天而降時，信徒將被分別開來，山羊都站在左邊，綿羊就站在右邊。在右邊的綿羊將得著人子稱讚，並能「承受那創世以來……所預備的國」(34 節)，但在左邊的山羊就被痛罵一頓，然後被驅逐到

「永刑裏去」(46節)。為甚麼呢?原因就是綿羊曾經在人子餓的時候給祂吃,渴的時候給祂喝,作客旅時收留祂,當人子赤身露體時給祂衣服穿,病了則悉心照顧祂,甚至當人子被關在監裏時,他們也去探望祂。因此,可愛的綿羊就可以進入神的國度中。那些山羊又如何呢?人子所列舉的,這些山羊一生中一樣也沒有做過,所以這些可惡的山羊被驅逐離開人子的國度,因為他們都不屬祂,是屬魔鬼的,所以被驅趕到為魔鬼所預備的永火裏去。但綿羊和山羊都「一頭霧水」,不知自己何時有或沒有行過這樣的事。基督如何回答他們?「我實在告訴你們,這些事你們既做在我這弟兄中一個最小的身上,就是做在我身上了。」(太二十五40)反過來,「這些事你們既不做在我這弟兄中一個最小的身上,就是不做在我身上了」(太二十五45)。

這講論讓我們理解到甚麼是恩慈,恩慈就是以仁愛和憐憫對待那些貧窮的、流離失所的、衣不蔽體的、患病的、孤單的人。這信息令人驚訝的地方在於其中並沒有分猶太人或外邦人,並沒有分耶穌的門徒或非耶穌的門徒;綿羊和山羊的分別在於他們有或沒有實踐恩慈!

更重要的是,這講論指出誰能進入天國,就是那些行恩慈之事的人。這標準是高是低?是寬鬆還是嚴苛?進入天國是容易還是困難?若接受這標準,以此去量度時,我們及格嗎?

恩慈的行為

從耶穌的講論，我們可以作這推論：綿羊在世時，每當他們遇見身分極為低微的人落在困難裏，他們就會按其所需幫助他、供給他、扶持他。當他們這樣行，他們絲毫不知道原來這些天涯淪落人竟然是人子的化身或代表。在這樣的情形下，他們那恩慈的心被驗出是真實無偽的。天國正是為這類人預備的，因為他們達到了神所定的標準。這裏反映了恩慈的行動的重要元素，就是即時（spontaneous）和沒有計算（uncalculating）的，而且這些行動是要從心裏流露出來（from the heart）。

這也是傳道書十一章 1 至 2 節給我們提醒：

> 當將你的糧食撒在水面，
> 因為日久必能得著。
> 你要分給七人，或分給八人，
> 因為你不知道將來有甚麼災禍臨到地上。

從古代近東及古埃及的文獻中，我們知道原來「把糧食撒（或放）在水面上」（傳十一 1）並非指分散投資以減低風險，而是指行善施捨，甚至是慷慨的施捨。所以這話的意思是要寬大地、慷慨地行善，必有回報。但我們不要忽略很重要的一點，就是「如何得著回報？」及「何時得著回報？」均是未知之數，若真的有回報，這是「日久」之後才發生的。換言之，必得回報是一個信念，而不是可以實際地當作成本，計算在施捨之內的。至於「你要分給七人，或分給八人」(2 節)這話，更準確應該翻譯為「你要送給七人，或送給八人」。「送」也是指施捨的行為，而所謂「七人……八人」，其實指「多人」。這句話所指的也是寬大地、慷慨地行善施捨。

令人感到詫異的，甚至是驚訝的，卻是傳道者就施捨所提的動機或出發點：「因為你不知道將來有甚麼災禍臨到地上。」(傳十一 2) 讀到這話，我們即時的反應必然是：豈有此理？既然說不知道將來有甚麼災禍發生，那豈不更應該保留一點「實力」以備不時之需嗎？未雨綢繆乃天經地義之事，有何不可呢？傳道者的教導似乎與這智慧之言背道而馳。

傳道者的話其實包含了很重要的真理，就是行善施捨，即恩慈的行為，是帶有風險的；若要實踐恩慈的話，必不能計較風險的大少，不然這恩慈就失去一切意義了。若在施捨的過程中，我們計較得失，那麼輕則會放棄施捨，重則會藉別人的窮困來得益處，借機敲詐剝削。這情況正是出埃及記二十二章 25 節等經文提到，要防止發生的。在世人眼中，借錢給別人而不取利息是愚蠢的行為，但在神的國度中，這是恩慈，是聖潔的神的彰顯，是救恩實際的彰顯。

這世界需要更多恩慈

一九九三年，一名南非籍新聞攝影師身處饑荒極為嚴重又發生內戰的蘇丹，拍攝了一幅照片，令舉世震驚。在這幅照片中，一個瘦骨如柴的小女孩正要前去一個食物分發中心，但因為她太虛弱了，便伏在地上。這時，有一隻大麻鷹從天而降，就在小女孩的後面虎視眈眈，等這小女孩斷氣後好飽餐一頓。這幅照片最先由《紐約時報》(*The New York Times*)刊登，接著就在世界各地的報章刊登，使這名攝影師一夜成名，令他沾沾自喜，充滿自信。

這幅照片後來令攝影師得到了普立茲獎(Pulitzer Prize)的最佳新聞圖片獎，但這名攝影師在得獎兩個月後用一氧化炭自殺身亡，當時他只有三十三歲。為甚麼？原來背後有一個悲慘的故事。當這名攝影師看見小女孩和她身後的麻鷹時，他走到一旁等候，企圖捕捉最寶貴難忘的一刻。但他等了大約二十分鐘，見沒有甚麼動靜，便把這情景拍下，然後把麻鷹趕走，自己就走了。這幅照片給刊登後，引來各人質疑到底這小女孩後來怎樣。各人更疑質這攝影師除了把情景拍攝下來外，有沒有做過甚麼幫助這小女孩。事後這攝影師也不知道小女孩的下落，而他最後選擇自殺，是因為這照片的情景日夜在他腦海中盤旋著，他心中有處理不了的罪疚，於是自殺就成了他惟一的出路。

這是個悲劇，落難者只是攝影師腦海裏的一個畫面，是一件「物體」。在他有能力幫助這小女孩時，卻不知何故無動於中，面對幼少生命的凋零而能等上二十分鐘，用指頭按下快門，然後抽身離去。事後有人就這幅照片寫了一篇文章，題目是〈我只有八歲〉。[2] 後來，有讀者在博客中寫下這樣的一段說：「在我們周遭，正有無數這樣的圖像在形成、在發生，你我是否也僅止於按下人生鏡頭的快門，然後，漠然地擦肩而過？」[3]

這世界需要更多恩慈，缺乏恩慈的世界是冰冷、無生氣的。

禱告

憐愛的主，祢就是愛，愛是從祢而來，求祢更新我的生命，使我能愛，能有恩慈像祢。主啊，在這個暴戾的世界中，讓我以恩慈之心，實踐祢所託付的使命。

思考問題

❶ 在這個族羣關係緊張的社會中，實踐恩慈的意義何在？

❷ 恩慈中包含了甚麼？

❸ 除文中有關恩慈的例子外，你能從聖經中找到其他例子嗎？

良善

利未記十九章

報章上有報道指患兔唇裂顎的兒童經常成為被歧視的對象。根據兔唇裂顎協會的調查，受訪二百零三名兔唇裂顎患者或其家長中，曾受排斥和歧視的有六十二人（31%）。但最令人意外的是，「最歧視性場所」竟然是學校（85%），其次是課外活動地點（56%）、交通工具（40%）和街上（29%），而「最歧視人物」依次為同學、朋輩、路人、教師及校長。歧視的行為包括，有教師勸喻病童不要參加要用嘴唇的課外活動（如朗誦、合唱團等），他們被孤立、打罵、取笑等。

眾所周知，這是先天性的毛病，患病原因至今未明，但部分案例估計與遺傳有關。雖然沒有正式統計患者確實人數有多少，但平均每六百至七百名新生嬰兒中就有一名患者。若按香港於二〇〇五年約有一百一十萬兒童來推算，那麼全港可能有病童一千七百人。[1]

這則新聞反映了一個社會現實，就是人們對「異類」的排擠。在這樣的狀況裏，作為基督的門徒就更需要實踐良善的行為。

認識良善

「良善」一詞何解？根據新約學者的解釋，「良善」的意涵包括美善、正直和慷慨等，反映這詞所形容的是人的品格，過於個別的行動。但另一方面，人既有這樣的品格，那麼相應的行動就必會自然而然地出現。保羅所羅列的聖靈的果子中，「良善」排第六位，在「恩慈」之後。在意義上，良善與恩慈極為接近，幾乎是同義詞，但倘若我們需要更細緻地分別兩者的意義的話，那麼良善較恩慈的含義廣泛，而恩慈則較良善具體。照此理解，但凡是恩慈的行為，也同時帶有良善的性質，也是良善的彰顯和流露。實際上，我們也很難揣摩到保羅羅列各樣聖靈的果子時，他心目中是否微細地區分這些果子。

在保羅的著作中，「良善」一詞出現的次數不多。在羅馬書十五章 14 節，他稱羅馬的信徒「是滿有良善，充足了諸般的知識，也能彼此勸戒」。在這話中，「良善」所指的是正直，是藉著彼此接納而流露出的。這良善是信徒蒙恩得救後所表現出來的，因此良善就是福音的大能所結的果子，是屬靈生命成熟的表現之一。保羅雖然不曾在羅馬傳福音，但有別的宣教士在那裏工作，結下了美好的果子。其次，在帖撒羅尼迦後書一章11節，保羅告訴帖撒羅尼迦教會的信徒，他為他們所作的禱告，就是神「用大能成就你們一切所羨慕的良善和一切因信心所做的工夫」。在《新修訂標準譯本》（New Revised Standard Version）中，「所羨慕的良善」的翻譯是“every good resolve”，即「一切良善的決心」。在這句話中，「決心」所指的，應是帖撒羅尼迦教會信徒對神的委身和忠誠，即使在患難中，仍然持守所信的道（帖後一3～10）。在這大前提下，「良善的決心」的意義就來自信徒憑著信心和盼望所作的決定或關注，是他們「因信心所作的工夫」得著神最終的成全（12節）。按照這理解，「良善」所表達的意思，是信徒對神甘心樂意的信靠和委身，即使在患難和逼迫中，仍然表現出其積極的內涵。換言之，良善是信心，也是信徒行事生活的素質之一（參弗五9）。

綜合而言，良善是信徒經歷基督救贖的大能後，生命得著更新所流露出來的素質。由此可見，雖然良善可視為一個人的品格，但作為屬靈生命的操練及成果，良善最終的源頭並非個人天生的性格，而是從神本身而來的。在新約，雖然良善（ἀγαθωσύνη）一詞沒有用來形容神，但另一個相關的字 ἀγαθός 則有這樣的使用。在馬可福音十章17節中記載，有一個人跪在耶穌跟前，稱耶穌是「良善的夫子」，並問祂怎樣作才可以承受永生，耶穌就回應說：「你為甚麼稱我是良善的？除了神一位之外，再沒有良善（ἀγαθός）的。」在這方面，福音書的使用與舊約的傳統一脈相承。

良善的行為

甚麼才算是良善的行為？讓我們嘗試以利未記十九章為基礎去了解。這段經文在舊約裏是頗為突出的，它一般被學者稱為「聖潔法典」（利十七～二十六章）的一部分，其主題就是「聖潔」（十九 1）。「聖潔」一詞聽來有點令人生畏，因為它給人一種高不可攀的感覺，讓各人以為聖潔是難以達到的標準。不過，若我們仔細讀利未記十九章，就會發覺原來達至聖潔之路並沒有想像中困難，因為這段經文教導我們，其實達至聖潔的道路也就是通過我們每天所行的「路」。在這段教導人如何實踐和操練聖潔的經文中，列舉了一些實際可行之事，從中我們可以揣摩良善的意義何在。

利未記十九章 9 至 10 節記載了我們可能都很熟識的教導：「不可割盡田角。」在舊約時代，一般百姓都是小農戶，過著自給自足的生活，因此對他們來說，這訓令就有其不可忽視的嚴重性，因為它實際上是要人放棄原本擁有的財產。從某個角度看，這正是干擾人們行使財產擁有權。但也正因如此，就更能襯托出這行為的良善之處；因為這樣的放棄能叫那真正貧困者的景況得著紓緩。舊約路得記就是這訓示的一個活生生的例子。外邦女子路得陪伴年老無依的婆婆拿俄米回到伯利恆之時，正好是動手割大麥的時候（得一 22）。若不是伯利恆的地主波阿斯慷慨，路得和拿俄米的生活必定苦不堪言，但因為波阿斯對路得和拿俄米行了恩慈之事，路得和拿俄米的絕境就有了曙光。當時，伯利恆剛從罕有大饑荒中復蘇過來，但波阿斯仍是毫不吝嗇地把自己辛勞所得的，白白地讓路得拾取。這不是良善，甚麼才是？對香港的信徒，良善代表著相當重大的考驗，因普遍香港市民在生活裏都承受著重大的經濟壓力。那麼我們在實踐良善的同時要承受若干的損失，我們願意嗎？

甚麼是良善的行為？經文教導人「不可欺壓你的鄰舍，也不可搶奪他的物」(利十九13)。甚麼是欺壓和搶奪？為何這兩種看來不同的行為會被放在同一句話中？在實際應用上，欺壓和搶奪所指的都是把本應屬於他人的物件強行收歸己有。「欺壓」指不發還受託管之物，而「搶奪」就是把本應交付給別人的東西，如工資，不合法地剋扣起來(參六2～4)。兩種行為都有濫用權柄或身分地位之嫌，因在這兩種情況下，受害的一方均處於弱勢之中，毫無還擊之力，也無力保障自己的利益。在律法中有這樣的教導，而聖潔法典又把這類行為收錄其中，正好反映在私心的驅使下，人往往會作出損人利己之事。但倘若人能基於神的本性(聖潔)而越過這人性的軟弱，這就是良善的可貴之處了，而良善者，也就反映神形象。在香港，這樣的教導何等適切，因為在經濟掛帥的環境下，時常可以聽聞雇主剋扣工資，甚至剝削員工應有的工資或福利等事情發生，使勞資關係經常出現緊張狀態。在這背景下，我們就更能明白良善是何等重要！

在任何社會中，身體殘障者都無可避免地成為弱勢人士，需要別人加以保護。此外，因為他們比正常人面對更多生活上的困難和挑戰，所以理應得到更多的體恤和尊重。這是接著的一段經文的用意。在一般人的經驗中，「咒罵聾子」和「將絆腳石放在瞎子面前」都不過是無聊的惡作劇而已，無須反應過敏，但這並非經文的意思。首先，「聾子」和「瞎子」所指的，並非只是這兩類殘障人士，而是泛指身體上有缺憾的所有人，他們都是無法保障自己的，在生活上的很多方面都需要依賴別人的協助。其次，「咒罵」不單指惡言對待，更有侮辱、嘲笑、辱罵的意思。而「絆腳石」則不單指絆腳跌人之石，更是泛指能造成傷害或不便的事（參申二十七 18）。對待身體殘障人士，正確的做法就是如約伯所表白的：「我為瞎子的眼，瘸子的腳。」（伯二十九 15）約伯的話反映了甚麼是良善的行為。

良善除了是表現出善行外，更有公義的一面，就是利未記十九章 15 至 16 節所教導的。這段經文包含兩方面：不公（15 節）和冷漠（16 節）。司法公正是任何社會和諧穩定的基礎，所以經文鄭重地吩咐作為審判官者不可偏袒任何人，不論是貧窮的或是富裕的，在法律面前都沒有特權，須秉公辦理。所以，在法治的大前提下，表達良善的動機就不能取代公正的原則。我們都印象深刻的一個例子，就是居港權的爭拗。本來終審法院裁決港人在內地所生的子女有在港居留的權利，但特區政府卻以種種理由向人民代表大會請求釋法，結果令這些人的子女失去本應享有的權利。這事是良善的一個反面例子。

至於冷漠這方面，經文的教導亦頗為適切：「不可與鄰舍為敵，置之於死。」（利十九16）這話何解？我們可以留意《和合本》在「置之於死」下有這附註：「原文是流他的血」，相信這附註能幫助我們了解這教導的出發點和意義。簡單來說，「流他的血」指處決犯人，但在經文所指的情況中，被處決的人是無辜的，因為在法庭上有人隱瞞對他有利的證供，導致錯誤的判決，他被定為有罪，因而被處決。這解釋可以引伸到各種知情不報的情況上，所以這教導的目的是提醒人有責任誠實作證，免得他人無辜受害。這理解也讓我們明白，為何前一句話吩咐人「不可在民中往來搬弄是非」，因為是非皆是未經證實的謠言，卻可以導致別人無辜受害。所以，在言語上的良善，實在有重大的社會意義。

實踐良善的果效

實踐良善有何果效？從一名因受騙而千里迢迢來港討回公道的姓殷四川長者的經歷，我們可以得著很深的感受和體會。在二〇〇五年八月，報章報導六十七歲的殷伯因被一名港商騙了三萬元退休金，心中不忿，毅然來到香港，上告法院。在這過程中，他得到很多不認識的港人拔刀相助，令他感受到香港處處人情味。殷伯曾經寫信給當時的特首董建華和律政司梁愛詩，在很短時間內就得到回覆，指示他香港法援處可以提供他所需的法律協助，這樣殷伯便開始了他的討公道之旅。他先後三次到港，每次能使用的旅費都不多，結果有一次盤川用盡了，帶著的方便麵也吃光了，正愁著不知如何是好時，他住宿的賓館老闆竟然為他送上了一個熱騰騰的杯麵。這個來得及時的杯麵，叫這名長者畢生難忘。後來，有讀者從報章上得悉他的遭遇，便主動接觸記者，取得與他聯絡的方法，請他吃了一頓飯，送他一點捐款，並襯衣兩件。殷伯始料不及，即時熱淚盈眶，不住地稱讚港人忠厚、善良、有人情味。最終，法院判殷伯勝訴，他也得到謝偉俊議員承諾義務為他追討還款。

良善是甚麼？就是發自人內心的關懷與愛的行動。就如殷伯的經歷一樣，他身旁這些與他素未謀面的人，都是出於良知的，在殷伯落在困境時，主動、不計較地伸出援手，扶他一把，讓他可以渡過難關。在聖經的立場，良善的表現帶著救贖的意義和果效。在香港這個奉行「森林法則」(按：即在森林裏弱肉強食的生存法則)的社會裏，良善是這社會所需要的曙光。

禱告

親愛的主基督，祢本是良善的，在這個充滿不公的社會中，求賜我渴慕良善的心，更求祢教導我如何實踐良善，更新我的生命，好叫我能結出聖靈的果子。阿們。

思考問題

❶ 要實踐經文中所教導的良善，有何困難？為甚麼？

❷ 良善是聖靈的果子之一，它與我們認識聖靈的工作有何關係？

❸ 為何信徒要在聖靈的照管下才會結出良善的果子？

7
信實

箴言六章 16 至 19 節；馬太福音五章 33 至 37 節

二○○五年一月三十日的《明報》上，作家南方朔在一篇題為〈說謊是強者的權力〉的文章談論美國前總統布殊（George Bush）。當年美國一口咬定伊拉克有大殺傷力武器，於是出兵攻打伊拉克。結果聯軍在伊拉克領土內尋遍每寸土地，甚麼也找不到。這在英美兩國內掀起了很大的政治風波，當時的英國首相貝里雅（Tony Blair）為此向國民道歉，但當時的美國總統布殊又有何回應呢？文章引述了他在連任就職後接受《華盛頓郵報》（*The Washington Post*）的訪問中所說的話，他表示人民既然在二○○四年大選中投了他一票，就表示他得到了人民的支持，因此對於戰前情報錯誤及戰後伊拉克的亂象，沒有人需要負責。文章作者這樣評論說：「布殊的談話，其實已將『謊言政治』講到了最白話的程度：我說謊言又怎麼樣？當說謊已經成功，它就不再是説謊！」文章中的一段這樣説：

> 因此，在這個「説謊」的時代，成功的條件裏，「説謊」的比重已愈來愈大，誠實是沒有用的，人們不想讓自己的子女成為失敗者行列裏的一員，最好從他們出生之後，即把「説謊」做為教育的重要一環，提升他們「説謊」的本領……最近美國針對高中生做的民意測驗，不就有大約七成五認為説説謊，其實也沒有甚麼不可以嗎？

這就是二十一世紀的現實，也是我們要學習信實的功課的處境。我們都渴望信實的果子再現，所以我們要結出聖靈的果子，在這個謊言遍地的世代中作見證。信實不只是小孩子要學的功課，甚至是大人也要學習。或説尤其是成人，更需要學這功課。

説謊的原因

人説謊的動機是多不勝數的，其中甚具諷刺性的動機之一是愛；利百加和雅各的騙局是個例子（創二十七 1～17）。愛會使人盲目，失去理性，甚至把錯誤的合理化。出於母愛，利百加要為雅各計劃一個最好的未來，於是設計把本來屬於以掃的祝福「過戶」到雅各的「戶口」去。由她一手策劃導演的整個騙局，真是撲朔迷離。雅各的聲音，配上以掃的手，因為手上長了毛，再加上芬香撲鼻的野味，這樣真假難辨的佈局，令年紀老邁且眼目昏花的以撒難以分辨真假對錯。於是雅各便扭轉乾坤，讓以撒把本來屬於以掃的祝福，錯送給他。

若說是因愛而說謊，有時還惹人同情，但很多時候，人捏造謊言根本是出於無知，甚至是愚蠢，掃羅就是一例（撒上十五 13～21）。在舊約時代，戰利品都是屬於神的，人不能佔用分毫。當掃羅作王時，神給他一項差事，就是為亞瑪力人昔日惡待以色列的行為，掃羅要懲罰他們，把所有人和牲畜都殺死（2～3 節），但結果「掃羅和百姓卻憐惜亞甲，也愛惜上好的牛、羊、牛犢、羊羔，並一切美物，不肯滅絕。凡下賤瘦弱的，盡都殺了」（9 節）。我們要知道「滅絕」和「殺」在原文是同一個詞，所指的並非普通「殺害」，而含有獻祭的意思。所以，這句話的意思就是掃羅和百姓不肯把上好的獻上，只把瘦弱和無價值的獻上給神。但在撒母耳面前，掃羅再三自辯說：「我實在聽從了耶和華的命令，行了耶和華所差遣我行的路……」（20 節）這豈不是很愚蠢，甚至滑稽嗎？他一面說已遵行了神的吩咐，但後面卻傳來了牛羊的叫聲！他怎能愚蠢到以為自己做事「神不知，鬼不覺」呢？這不是無知嗎？這不是愚蠢至極嗎？不過，人就是這樣。

聖經中最令人著迷的、最「美麗」的謊言又是哪個呢？就是蛇在伊甸園中對神所造的女人所講的話（創三 1）。神對祂所造的男人說：「園中各樣樹上的果子，你可以隨意吃，只是分別善惡樹上的果子，你不可吃，因為你吃的日子必定死！」（二 16～17）蛇則對女人說：「神豈是真說不許你們吃園中所有樹上的果子嗎？」（三 1）這謊言令人著迷的地方在哪裏？在於它並不是全然錯誤的，其中有對的部分，也有不對的，兩者很巧妙地混合在一起，使人分不出哪些是真，哪些是假；這是一個高明的撒謊技巧。而且，這謊言的巧妙之處就是被騙的人中了圈套還不自知。蛇這樣巧妙地一問，就把神那豐富完全的恩典和賜福變成了謊言，卻把謊言包裝成真理。

聖經中的信實

另一方面，聖經中因誠實而得人信賴的例子也有很多，最容易列舉出來的例子非約瑟莫屬。當他被賣為奴隸時，他的主人「把一切所有的都交在他手裏」（創三十九 4），主人「除了自己所吃的飯，別的事一概不知」（6 節）。為甚麼會這樣？當然是因為約瑟有超卓的辦事能力，但更重要的是因為他值得信任。這何以見得？因為一般的奴隸是不能在主人屋內自由出入的，約瑟卻可以（11 節）。我們都知道約瑟如何抗拒他主人的妻子對他的引誘（7～10 節），這事也顯明約瑟為人正直，是可以信賴的。

另外一個例子是亞伯拉罕的老僕人（創二十四章）。經文形容他是管理亞伯拉罕「全業最老的僕人」（2 節），也是亞伯拉罕所信任的。這何以見得？因為當亞伯拉罕年老，不久於人世時，他把財物交在這老僕人手中（10、

22、53 節），差派老僕人到遠方為自己的兒子辦理娶妻的事。這是個很重大的任務，若這老僕人沒有信用，亞伯拉罕斷不會在毫無監管之下，貿然把如此重要的事交託他去辦理（二十四章）。此外，在這老僕人向拉班提親的過程中，也可以看見說實話的重要。當拉班聽見他的陳述和交待後，就相信了他（50～51 節），答應把自己的妹妹嫁給亞伯拉罕的兒子，而利百加也甘心情願作亞伯拉罕的媳婦。這一連串人生大事的決定，就建基在這個老僕人的說話之上。在今天，這樣的事簡直令人匪夷所思！

舊約中還有一個很美麗的故事，顯示出實踐信實時所綻放出來的光采，這就是大衛和約拿單的故事（撒上十八～二十章；撒下九 1～13，十六 1～4，十九 24～30，二十一 1～14）。這是個跨越兩代、充滿恩怨情仇的故事。若我們要用最簡單的方法為這故事作總結，那就是一個「約」字。這段長長的故事的起點是大衛與約拿單所立的約（撒上十八 1～5，二十 12～17），而這約的基礎是他們兩人的愛。在這麼多年來，他們彼此的人生際遇已起了滄海桑田的變化，已經要改朝換代了，但這愛和約依然不變。大衛的地位和際遇與原本和約拿單起誓立約的時候已經不同，他已經貴為一國之尊了，但對昔日盟友的後人，甚至是政敵的後人，卻是一如既往地照顧。當我們再三讀這故事時，我們這些在人情如紙薄、友情待價而沽的世代中生活的人，豈能不扎心！

信實的例子

在現實中，其實亦有些令人感動和值得學習的例子。

在上世紀七十年代轟動全球的「水門事件」中，當時被稱為「深喉」的人的身分，在三十多年後終於給揭露了，他就是當時出任美國聯邦調查局副局長的費爾特（Mark Felt）。他把事情洩露給當時《華盛頓郵報》的兩名記者伍德沃德（Bob Woodward）及伯恩斯坦（Carl Bernstein）知道，而且在整個調查過程中，他不斷把內幕消息洩露給伍德沃德和伯恩斯坦知道，最後致使尼克遜（Richard M. Nixon）總統下台。這事亦為美國的執法方式帶來一些根本的改變，如未經法庭許可，不能隨意竊聽電話，亦不能在別人不知情的情況下進行電話錄音，保障了法治和人權。費爾特之所以被人認為是英雄人物，是因為他冒了很大的危險不斷地揭露真相，使百姓知道尼克遜政府的弄權、腐敗、偽善和如何欺騙國民。

其實在這事件中，除了費爾特這英雄人物，還有當時《華盛頓郵報》的記者伍德沃德，他嚴格地遵守了新聞從業員的「天條」，就是保密。他並非只保密一兩天，而是三十多年，直到當事人費爾特本人願意揭密為止。即使在「水門事件」的過程中已經有人猜到費爾特是洩密者，但這猜測從來沒有被證實。在這情況下，伍德沃德實在面對很多引誘，叫他違背承諾，但他始終守口如瓶。

在這例子中，信實有兩大含義：愛慕真理和守信用，兩者都是信實的行為必須的元素。

從真理到信實

重尋信實，必須要渴慕真理，而且這種對真理的渴慕必須要化作日常的行動、行為、心態和動機。

首先，**我們要有一顆敬畏耶和華的心**，因為這是信徒生活行為一切的基礎和準則。箴言六章 16 至 19 節很清楚地教導我們，在耶和華所恨惡的事中，「撒謊的舌」排第二位，而且另一項類同的「吐謊言的假見證」就排第六位。在簡短的七項中，有關謊言和虛假的已佔了兩項，可見其重要。我們要思想這清單的含義，就是要我們也恨惡這些事。而這恨惡是出於我們敬畏耶和華的心。為甚麼現代人喜愛說謊言？因為對現代人來說，神已經死了，於是既然神死了，那麼除人以外，誰來定奪對錯、是非和黑白呢？所以人可以隨心所欲，因應需要將「鹿」變成「馬」，以虛假取代真理。敬畏耶和華是信實的開始。

其次，**我們需要渴慕真理**。今天信實之失落是因為人不尊重真理，要把真理當做手中工具，以滿足一己之私利。故此，我們若要重尋信實，就應把渴慕真理的心融入我們每天生活的瑣事中。聖經教導人做買賣時要誠誠實實（利十九 35～36；申二十五 13～15）。在先知阿摩司的時代，以色列人以不誠實的手法做生意，他的描述真是入木三分（摩八 4～6）。箴言十一章 1 節有這樣的教導：「詭詐的天平為耶和華所憎惡；公平的法碼為他所喜悅。」（另參十六 11，二十 10、23）若我們都不是做買賣的，這又與我何干？所謂見微知著，看一個人做買賣，就知道他的為人如何；倒過來說，一個人的為人如何，從他如何做買賣可見。信實與否，是個人生命素質的流露，是個人的信仰和屬靈的深度的量度器。

從細微處說起，在最基本的說話裏，要是就說是，不是就說不是，無須加多或減少，這是耶穌在登山寶訓中的教訓（太五 33～37）。耶穌教導人「甚麼誓都不可起」（34 節），這話有何意思？一般來說，人只會在特殊情況下才起誓，而起誓的人要知道在這情況下說話都必須是真的。若明知是假話，卻在神面前起誓，導致別人相信這假話，這是所謂「妄稱耶和華——你神的名」（出二十 7），後果是十分嚴重的。按此推論，若人要強調所說的都是真話，或確實地表明言出必行的話，他才會起誓（參得一 16～17）。

人是軟弱的，即使有最好的用心，行出來卻由不得我們。可能在耶穌的時代，人們動不動就起誓，根本使起誓這事失去了作為信譽保證的作用，而耶穌的話正是針對人性的軟弱。祂直截了當地教導我們，若說話的人是有信用的，根本無須起誓，人家也會相信他的話，接受他的話。相反，若那人本身根本是毫無信用可言的，那麼即使他多麼認真地起誓，別人也不會相信他。起誓卻不守信用者除了犯說謊的罪，更干犯了「妄稱神的名」的罪，真是罪加一等，罪上加罪，這又何苦呢？

信實的表現不能只在言語上，更應該是生命的流露。

信實的實踐

在舊約，經典的誓言莫如約伯的誓詞(伯三十一章)，其動人心魄，擲地有聲，讀來簡直是舊約世界中社會公義、個人公義的標準，是「完全正直，敬畏神，遠離惡事」(一 1)的定義。在誓詞中，他把自己的行為並背後的動機，赤裸裸地呈現在神的監察之下，向神逐一交待他生命中所走的每一步(三十一 4)。他在其中一段說：「我若與虛謊同行，腳若追隨詭詐；我若被公道的天平稱度，使神(按：或神便)可以知道我的純正；我的腳步若偏離正路；我的心若隨著我的眼目，若有玷污粘在我手上；就願我所種的有別人吃，我田所產的被拔出來。」(5～8 節)若他的說話中有半點虛假的成分，他會敢在神面前如此坦白嗎？所以，他所起的誓有他的生命為保證。

其實說話誠實是任何人，不論信仰背景，都應該嚴加遵守的。那麼信徒在實踐這事上，又有何特別之處呢？我們都聽過「核心價值」一詞，而很多政客提到的「價值」中，亦有「誠信透明」一項。因此信實不會是信徒的專利。正因如此，聖經所要求的信實，應該就不是一般的信實，而是要達到一個更高的標準。為甚麼？因為在聖經中，神本身是信實的，祂就是信實的定義(申三十二 4)；祂言出必行，在祂絕無欺騙。既然如此，那麼信靠祂的人也應該學效此形象。換言之，信徒要達到的是更高和更嚴格的標準。

從約伯的例子中，我們知道人若實踐信實，若結出信實的果子，從終極的意義來說，這些都並非做在人前的事，並非要滿足人類道德的標準，這樣行並非要討人的喜悅，或得人的稱讚。約伯讓我們知道，信實是人與神之間的事，我們這樣行是要滿足神的要求，是要得神的喜悅，在生命中向祂作交待，因為祂才是我們的主人。

總結

在這個假貨充斥、謊言遍地的年代，讓我們秉承著敬畏耶和華的心，以誠實行事，作主的門徒，以得祂的喜悅為目標和努力的方向。

禱告

信實的主，求祢垂顧軟弱的人。在這個說謊的世代中，捆綁虛謊的靈，使真理能彰顯出來。主啊，更求祢幫助我，使我有愛好信實的心，能結出信實的果子。阿們。

思考問題

❶ 經文所教導的信實，與一般德育教訓中的信實，有何不同？

❷ 信徒如何才能結出信實的果子？

❸ 教會作為一個整體，如何實踐信實？

溫柔

馬太福音五章5節，二十一章1至11節

昂山素姬（Aung San Suu Kyi）是近代爭取人權與自由的代表人物，她曾經獲得諾貝爾和平獎。從二〇〇三年五月三十日起，她就被緬甸軍政府軟禁，至二〇一〇年，已經有二千五百多天，她先後被軟禁過三次：第一次是一九八九至一九九五年，第二次是二〇〇〇至二〇〇二年，斷斷續續地前後共有十五年！她首次被軟禁時只是芳齡四十四；而今她已是花甲之年。在這二千五百多天的軟禁中，她的處境比前兩次更不堪，她與外界的接觸幾乎全部斷絕，每日只可收看國營電視台的廣播和官方報章，每月只可接受兩次健康檢查，每日所見到的人就只有她的管家和管家的女兒，家中的電話聯繫也被切斷了。

奇怪的是這手無寸鐵、無權無勢的女流之輩，表面上是弱質纖纖的，竟然是當今歷史中的強者。為甚麼？因為堂堂一個軍政府，手中握著槍桿子的權勢，卻要處處防備一名女子（筆者絕對沒有歧視女性之意圖或企圖），這豈不是很大的諷刺，是近代政治史上一大幽默！

張文光議員就這事在報章上發表了一篇文章，其中一段這樣說：

> 表面上，緬甸軍政府是強者，它對全球的譴責無動於中。實際上，昂山素姬才是真正的強者，她用柔弱的身軀面對暴政，用平靜的心靈面對強權，用道德的勇氣面對世界，觸動人類的正義和良知，照見政府的醜惡和無恥。[1]

原來，溫柔並不等如無能或懦弱，溫柔本身蘊藏著巨大的威力，溫柔無懼於槍炮、強權，甚至死亡的威嚇。

這就是聖靈所結的果子中之第八項「溫柔」的可貴之處。它教導那些日夜追求名利的人明白甚麼才是力量，以及甚麼力量才是可貴的，又使那些無權勢可倚賴的人不會絕望。

認識溫柔

何謂溫柔？其實這詞除了溫柔外，還有謙卑、有禮貌、為他人著想、謙恭等意思。在新約中，有好幾處經文把「溫柔」與「忍耐」相連起來（加五 22～23；西三 12；弗四 2），可見兩者間有一定的關係。忍耐指抑制自己的怒氣，而溫柔指以溫和、誠懇和關懷待人，使人有如沐春風的感覺。另一方面，因為忍耐指抑制怒氣，所以含有放棄使用暴力的意思，既然如此，溫柔就是暴力的相反。在這後九一一時代，在經歷過倫敦的炸彈襲擊後，我們迫切地需要認識溫柔和實踐溫柔。

在現實社會中，溫柔並不一定受人歡迎，因為除了作為女性的魅力或吸引力外，溫柔和弱者常常被人相提並論起來，溫柔的人容易被人欺負，一些人也喜歡欺負溫柔的人，壓榨他們、剝削他們、踐踏他們。所以，現實社會中人人都要做強人，即使沒有做強人的本錢，也要裝成強人的樣子，因為這樣才不會吃虧。

但從聖經中看，溫柔並不等如軟弱或無能。基本上，保羅所談及的溫柔，並非女性的專利。談及溫柔時，我們不應聯想到弱質纖纖的形象，因為溫柔並不等如軟弱無力。相反，溫柔裏可能蘊藏著巨大無比的能力。正因如此，倘若我們明白溫柔的意思，我們也會同時明白何謂能力或力量，因此我們會對能力和權力等觀念有另一番體會。

溫柔的榜樣

若我們要學習溫柔，可以以誰為榜樣呢？摩西可以作我們的榜樣。

民數記十二章 3 節形容「摩西為人極其謙和，勝過世上的眾人」，在《七十士譯本》中，「謙和」被翻譯為「溫柔」，與加拉太書五章 23 節的「溫柔」是同一個詞。雖然在希伯來文聖經中，「謙和」的涵義與希臘文的「溫柔」不盡相同，但翻譯者用「溫柔」來形容摩西，無形中把摩西描繪為一個理想的希臘人——翩翩君子、溫文爾雅、柔中帶剛的樣子。

摩西如何成為一個溫柔的人？這是經過一段艱苦的學習與磨練而來。在起初，摩西行事只憑著血氣之勇，憑著對公義的執著而行事（出二 11～15），後來才發覺這血氣之勇只能支撐一時。到後來，摩西在西奈曠野遇上了耶和華，被祂呼召，受委託把以色列百姓從埃及領出來，手中又拿著能行神蹟的杖，但在法老面前，仍是一敗塗地（五 1～4）。

摩西到甚麼時候才由一個懦弱無能、經不起考驗的牧羊人，變成一代頂天立地的民族英雄？直到他承認自己的不足和無力之時（出六 28～30）。直到他被以色列人連番埋怨、攻擊、譭謗之後，他感到絕望、痛苦，向神苦苦哀求之時；當時他說：「……我若在你眼前蒙恩，求你立時將我殺了，不叫我見自己的苦情。」（民十一 15）直到他不只承擔了百姓的攻擊和埋怨，他還反過來為這班不受教的百姓向耶和華代求，祈求神赦免他們之時（出十五 25；民十二 13，十四 13～20，十六 20～24）。

這樣的陳述其實為要說明一點，就是聖經所談論的溫柔，並非天生的性格，而是經過磨練產生出來的。在信仰和屬靈上，溫柔的人一方面會承認自己的不足、軟弱、無力，另一方面又會全心依賴神的供應、扶持和保護。溫柔的人曾經嘗過患難、不安、焦慮的滋味，但也深深體會從患難、不安和焦慮中被拯救出來的釋放和喜樂。

難怪溫柔是聖靈所結的果子，它雖然在屬靈的九個果子中排行第八，但不等如它不比之前七種果子重要。如沒有溫柔，信徒還可能結出仁愛、喜樂、和平、忍耐、恩慈、良善和信實，甚至節制的果子嗎？

從八福學溫柔

在八福中，緊接在「虛心」和「哀慟」的，就是「溫柔的人有福了！因為他們必承受地土」（太五5）。甚麼是溫柔呢？耶穌所指的溫柔是一種道德上的取態。

其實，八福中的第三福原是引用詩篇三十七篇11節：「但謙卑人必承受地土，以豐盛的平安為樂。」在希臘文的翻譯中，「謙卑」被譯為「溫柔」，這句來自詩篇的話，對我們了解溫柔的意義起了很大的作用。

詩篇三十七篇是以信靠神、仰賴神、對神常存盼望為主題。詩人教導我們不但要口頭上信靠耶和華，更要把這信靠深化在日常生活中，以對神的信靠為後盾，來面對生活中種種難以解釋的挑戰。在信心的挑戰中，最難應付的就是「惡人為何凡事亨通順利？」這問題，因為這會引伸出另一個問題：「既然如此，那麼信靠神和遵行祂的話還有意義嗎？」詩人並沒有解釋為何「惡人會亨通順利」，但他勉勵人不要因此而放棄信靠神。在這大前提下，信靠可從人行善表現出來（詩三十七3），即人謹守耶和華的吩咐，不向惡勢力低頭，堅持奉行神的訓誨和誡命，做好自己本分，對於自己無法解決或無法改變的事情，則留待神按祂的計劃而行。因此在這樣的處境之下，謙卑/溫柔的人就有明顯的道德取向，站穩在神的旨意的根基上，堅決拒絕社會的引誘和壓力，要他們妥協、認同和跟風，他們會實行詩篇這卷書對我們的訓示：「不從惡人的計謀，不站罪人的道路，不坐褻慢人的座位。」(一 1)

能夠在社會、環境、朋輩的巨大壓力下而不妥協的人，絕不是弱者，所以謙卑/溫柔絕不是軟弱的表現，絕不是容易受欺負的。溫柔的人就有如竹樹一樣，看上去並不粗壯，卻能承擔巨大的重量，在風暴中，常有粗壯的大樹被連根拔起，或被吹到樹枝斷裂，但很少見到竹樹遭受這樣的破壞。

學效耶穌的溫柔

在溫柔這功課上，耶穌肯定是我們最終的榜樣。馬太福音曾記載耶穌這樣形容自己：「我心裏柔和謙卑」(太十一 29；「柔和」一詞原文與加拉太書五章 23 節的「溫柔」相同)；耶穌是一位溫柔的救主。祂如何溫柔呢？

1. 有一次，耶穌醫好了很多人，卻吩咐他們不要把祂的名傳出去。當馬太福音的作者記載這事的時候，他引用了以賽亞書四十二章 1 至 4 節。讀者很容易就可以看到，這段經文極為貼切地形容耶穌：「他不爭競，不喧嚷；街上也沒有人聽見他的聲音。壓傷的蘆葦，他不折斷；將殘的燈火，他不吹滅；…… 外邦人都要仰望他的名。」(太十二 19～21)奇怪，既然說「外邦人都要仰望他的名」，但祂又禁止人把祂的名傳開，那麼這句話豈不就落空了嗎？若祂能乘勝追擊，必會有成千上萬人拜倒祂的旌旗之下，到時祂就能呼風喚雨了。正如今天的香港，無人不知民意的重要，只要迎合民意，手中就有雄厚的政治本錢一般。

溫柔的耶穌卻逆其道而行之，為甚麼？因為祂所追求的，並非世人的擁戴和名利；祂不是政治人物，絕不能把祂的使命與人的慾望掛鈎，互相利用。如果這是祂的目的，祂早就接受了魔鬼的提議，把石頭變成食物了(太四 1～4)，如此祂不但一舉成名，天下就更是唾手可得！當時祂既然已經斷然拒絕魔鬼的提議，這時祂更不會把拯救人類的事業寄託在虛名之上。溫柔的耶穌愛人必然愛到底，但祂的溫柔和愛是有原則的。

2. 這段經文之前的記載是馬太福音十二章 14 節：「法利賽人出去，商議怎樣可以除滅耶穌。」因為耶穌在安息日醫好了一名手枯乾了的人(9～13 節)！並非所有法利賽人都是這樣差勁的，滿有正義、虔誠、憐憫之心者大有人在，如尼哥德慕、亞利馬太人約瑟、迦瑪列(徒五 34，二十二 3)等。但因行善而招惹殺身之禍，世間上的確無奇不有！

若設身處地思考耶穌的情況，你會如何反應？耶穌選擇「離開那裏」，當在路途上遇到很多「有病的人」

時，就都醫好了他們（太十二 15）。「離開」又可以理解為「退出」（參《新國際譯本》〔New International Version〕翻譯）。溫柔的耶穌選擇「退」，但祂並非採用三十六計中最後一計「走為上著」，而是有智慧地避免了無謂的對立和抗爭。正是天地之大，何處不是祂實踐使命之處？另一方面，耶穌雖然「退」，但並不等如他由主動變為被動，或甚至放棄了自己的使命，藉此保存自己的性命。祂「退」時，「……有許多人跟著他。他把其中有病的人都治好了」（15 節）；祂仍是盡忠竭力，只是轉移陣地而已。

3. 耶穌這「退」的選擇，卻是祂彰顯其彌賽亞本色的機會，祂充分地顯示出神的應許和救恩如何藉著祂得著應驗；這就是馬太福音的作者引述這段來自以賽亞書的經文的動機和目的。

彌賽亞是誰？祂乃是神所揀選的，接受了神的託付，身上有神的印記和形象（太十二 18）。祂並不追求世人的注意和重視，當祂在世上行走，人們根本沒有注意祂的出現（19 節）。在古代，達官貴人出遊，惟恐百姓不知，要派人鳴鑼響道，使家家戶戶迴避、讓路，但這位彌賽亞，若祂站在你身旁，你不會注意到祂原來就是萬軍之耶和華的特使！更重要的是，這溫柔的彌賽亞是醫治、體恤、安慰的來源（20 節）。

甚麼是「壓傷的蘆葦，和將殘的燈火」？指的都是那些不受重視、被人遺忘、在社會的邊沿位置的人。

試問彎曲了的蘆葦有多大的用處?當燈逐漸暗淡時,可以修剪燈芯,但若已修無可修,就要棄掉,再用新的。按照世界的標準,沒有用處的就是沒有價值,沒有價值的就沒有必要保存下來,沒有價值的就等同垃圾。

試問誰會重視這些垃圾?是那些想除滅耶穌的法利賽人嗎?若不妨礙法利賽人的規矩,他們或許不會理會這些彎曲了的蘆葦和快將熄滅的殘燈。溫柔的耶穌不受人歡迎,祂自己也要迴避世上的權勢,連性命也受威脅,卻無條件地接納這些蘆葦和燈火,無條件地醫治他們,纏裹他們的損傷。這些斷葦殘燈,一一都受到耶穌重視。

耶穌的溫柔,是滿有拯救大能的。

溫柔的力量

耶穌的榜樣,有鼓勵所有信徒的作用,因為從耶穌身上,信徒知道溫柔的人並非弱者。相反,溫柔的人往往是強者,而世人把溫柔等同懦弱,是因為他們對能力和權力的理解都扭曲了。

在傳道書裏有這句話:「事情的終局強如事情的起頭」(七 8),因為世事的成敗得失,要到最後的終局才能斷定。說到終局,神和祂的計劃永遠佔上風。這樣,在神的計劃中,是這位無聲無息的彌賽亞得到最後的勝利:「他必將公理傳給外邦……等他施行公理，叫公理得勝。外邦人都要仰望他的名。」（太十二 18、20～21）最後的話事權不在法利賽人手中，乃是在這位要「退」的耶穌手中。

耶穌的例子正好說明了祂自己的教導：「溫柔的人有福了！因為他們必承受地土。」（太五 5）這些在地上似乎無處容身的溫柔的人，他們反而能承受天國的地土。

溫柔的人並不為地上的權勢而活，而是為天國的永恆而活，他們的眼目並不放在地上的成敗之上，他們的目光鎖定天國的永恆。

永恆的盼望是溫柔的人的動力，是他們滿有能力的原因。

禱告

仁愛的主，教導我溫柔的功課！我如何才能溫柔像祢？活在這世上，周圍的環境叫我落在各式各樣的掙扎、爭競之中。在這處境中，主啊，救我，使我成為溫柔的人，活出主的樣式。阿們。

思考問題

❶ 經文所教導的溫柔與世人所認識的，有何相異之處？

❷ 若實踐溫柔使人吃虧，你願意嗎？

❸ 溫柔與聖靈有何關係？

9
節制

彼得後書一章 3 至 11 節

時至今日，香港的經濟收入來源基本上是以金融、服務、旅遊、消費為主。毫無疑問，香港的繁榮是靠消費來維持；若消費減少，這個社會就會萎縮。所以，過去香港經濟低迷之時，政府仍會鼓勵人消費。大家還記得曾志偉那齣有關菠蘿包的廣告嗎？猶記得當時是「後沙士時期」，香港經濟陷入前所未有的危機中，人人都不敢花錢，於是就有這廣告出現，提醒大家如果人人都不願意花錢，那麼香港的經濟就會更差。但如果我們都能解囊消費，那麼每人只要花一個菠蘿包的價錢，就可以使香港離開經濟危機的深谷。姑勿論這「菠蘿包經濟論」是否合理，其信息十分清楚：香港的命脈就是消費，隨著迪士尼樂園開幕，這信息就更清楚。到底這是可悲還是可喜的事？

在這樣的環境下，基督徒討論和實踐節制，真是不識時務。因為節制與這消費文化不合，節制是一種行動和決定，已被假設為具批判性、原則和理性的，不盲目地跟風，不會因個人慾望而陷入失控的狀態。對信徒來說，節制是我們擺脱物質的纏繞的途徑，有助我們屬靈生命的深化和長成。

認識節制

從聖經如何提到實踐節制，大概可以知道它有何意義。哥林多前書七章9節「禁止不住」，是指在情（或性）慾方面的，使徒行傳二十四章25節似乎也是類似的用法。在哥林多前書九章25節，節制所指的是運動員的自律，而上文（19～23節）保羅談論為了要向不同階層和背景的人傳福音，他寧願克制自己，放下自我，不讓自己的背景、為人和性格等妨礙他與人接觸，以致福音受攔阻。從這角度看，節制是放棄原本屬於自己的權利和自由，為了達到一個更高的目標而成了一個不自由的人。

從保羅身上，我們了解到原來節制不只是生活習慣、方式和喜好的問題，更是他實踐基督的使命時的要求，而他也甘心樂意地接受這些嚴格的要求。根據這個理解，我們可以引伸出這道理：在信徒的生活中，即是最細微或瑣碎的事情，也往往具有信仰上的意義；雖然世上各個民族傳統中總會有關於節制的教導，但對信徒來說，節制也帶著信仰上的意義。

節制與放縱

節制的相反就是放縱，放縱不單是個人的事，更是牽連甚大的。在這個全球一體化的時代裏，個人的放縱會造成對別人的壓迫和剝削。

其實，早在舊約先知阿摩司的時代，就已經有這情況出現。在阿摩司書四章 1 節，先知毫不客氣地指責那些富貴人家無所事事，心廣體胖的婦女以喝酒為樂，一幅悠閒的樣子。但酒從何來？酒是從欺壓城中的弱少而來，所以每次她們對自己的丈夫說：「拿酒來，我們喝吧！」就有弱少的貧民被壓榨和剝削。只是輕描淡寫的一句話，卻導致一大批人的血汗成果被榨乾。所以，放縱並非個人的事，它可以在社會上造成很大的傷害。若從這思路來推論，那麼節制就會減少人所受的壓迫，和減少受壓迫的人數。

中國人以愛吃聞名天下，就讓我們以食物或吃的習慣來作一個透視點。中國人對食有所偏愛，尤其是香港人。在電視節目中，有多少是與食有關的？相信這的確是一個本土現象。但我們又是否知道，因為我們愛吃，有很多動物的品種快要絕迹世界？例如活珊瑚魚，據世界自然（香港）基金會的研究，香港是全亞洲食用最多珊瑚魚的地區，在一九九九年，香港人食了共一千二百多萬公斤珊瑚魚，而且香港人尤其喜歡吃一斤至兩斤半重的幼魚，其後果就更可怕——如龍躉和蘇眉兩類魚已被列為「易危」種類！

另一方面，根據世界自然(香港)基金會的調查，原來東南亞國家的漁民，為了滿足香港人的口腹之慾，也同時為了要賺錢，會用很多不合法的方法捕魚，例如用山埃(氰化鈉)捕魚。這方法不只殺死珊瑚魚，還會殺死四周的海洋生物，包括很寶貴的珊瑚礁。這情況豈不是阿摩司書四章1節的翻版嗎？

節制的教導

舊約中有些誡命雖不以節制為目標，卻有培育節制的效果。在舊約中有一條關乎全人類，亦即是全人類都要遵守的誡命，記載在創世記九章2至3節。在洪水後，神容許人以動物為食物：「這一切我都賜給你們，如同菜蔬一樣」(3節)，亦即是說，人可以無限制地以動物為食物。但其中有一個條件是必須遵守的，就是不可吃動物的血，因為血就是動物的生命，而生命是屬於神的。但人如何可以吃動物的肉，同時又能避免吃其血呢？方法就是先流盡動物的血，再用泥土掩蓋(利十七13)，這舉動的意思就是把生命回歸給神。換言之，神把一切動物都賜給人，但人在享用的同時又要抱持著尊重神是生命之主的態度。日常生活的瑣事，仍然是培養人敬畏神的途徑。這是人享用大自然的資源時第一條要遵守的誡命，免得人落在錯覺中，以為自己就是世界的主宰，可以隨意享用身旁的一切。

其次產生培養節制效果的律法，利未記十一章和申命記十四章中所記載有關食物的禁誡的規定。為何有些食物是以色列人不能享用的？舊約沒有明確的解釋，但從實踐的角度來看，卻產生了令人要節制的功效。此話何解？當以色列人切實地實踐這誡命時，他們明顯地能用作食物的選擇就少了；別的民族可以隨意吃任何食物，但以色列卻要有選擇地吃。在香港這類已發展的地區，問題不是糧食恐慌而是食物過多，人們面對的健康問題不是營養不足而是吃得過多。但在舊約時代的農業經濟中，民生的問題如食物供應充滿著很多未知之數，各人其實離饑荒不遠。在這樣的情況下，能夠捕獵野獸作食物是很重要的，能補充日常的不足。但以色列人無法這樣做，因為他們所吃的食物種類，受到嚴格的限制。

若我們一併解釋和領會創世記九章、利未記十一章和申命記十四章的經文，我們會得到這信息：人在食物這事上，首要必須學習敬畏耶和華，因為祂是萬物之主，更是生命之主。在萬民中作為神的選民，以色列人須有相應的生活方式和價值觀。除了尊重神的主權外，他們更被要求按更高更嚴格的標準來生活，就是要接受在食物種類方面的嚴格限制。即使是要解決生活中食物不足的問題，亦不能有半點鬆懈，必須按著這標準而活。雖然，這律法的目標並非培養節制的美德，但它明顯有這樣的作用。不但如此，在這實踐的背後，其實表示了有信心的意思，因為在一般正常情況下，人靠耕種所得的尚可自給自足，一旦發生天災人禍，導致農業失收時，遵守這誡命與否就立時成為極大的挑戰。

節制的操練

就節制與信仰和屬靈生命的操練的關係，彼得後書一章 3 至 11 節是值得我們反覆思想的。

彼得後書應該是寫於公元一世紀末期，目的是教導信徒如何防備當時引誘人離開真道的假先知和假師傅(二1)。當時，第一代使徒已逐漸離世，信徒容易受各種各樣的教訓或思潮的影響，因此在教會裏信仰和教導出現了危機。其中情況最嚴重的問題，就是因為年日逐漸過去，基督再來的應許遲遲未實現，有人就懷疑基督再來的應許是否真實可信(三 3 ~ 4)。另一方面，因為基督的再來牽涉最後的審判，若基督不再來，那麼連帶這最後的審判也令人存疑了。這樣，神的話語和誡命就不再是人生活中的要素，人的道德基礎因此便失去了，在信仰和道德上，人便陷入一片混亂和荒誕之中(二 10 下 ~ 22)。

彼得後書一章 5 至 7 節的目的，就是要使信徒知道如何在這荒誕的時代中自處，如何潔身自愛，好面對周圍物慾橫流的恐怖。經文所說的是一個屬靈操練的指標，是一道靈命長進的階梯，若信徒能按照其中的步驟，從最基本的一級「信心」開始，然後拾級而上，最後就攀上了「愛」的頂級。而信徒每踏上一級，他的屬靈生命就會得到強化、鞏固。

節制的意義

在這大前提下，節制有著重大的意義。

1. 這是**信徒的標記**，是虔敬（彼後一 3）的表示。何謂虔敬？虔敬是指人對神應有的態度，是誠懇的；其次，虔敬的人會順服神的旨意；第三，虔敬的人樂於遵行神的命令。內心虔敬的人是為天國的來臨而作準備（11 節，三 11～14）。

   按這理解來演繹節制的意義，我們可以說：樂於節制的人，是願意從心底裏以神的旨意作為自己心意的人，願意以討神的喜悅作為生活處事的原則，更願意為等候天國而準備好自己，使自己能「沒有玷污，無可指摘，安然見主」（彼後三 14）。為了接近神多一些，樂於節制者願意遠離世界多一些。

2. 節制是**與基督的性情有分**（彼後一 4）。人歸信基督是與基督的性情有分的第一步，而一旦進入了這關係中，人就努力在此扎根，所以經文接著在 5 節說：「正因這緣故……」就是因「與神的性情有分」的緣故，「你們要分外地殷勤」。即盡了自己的能力，攀登這屬靈操練的階梯，朝著神的性情，就是「愛」進發。

   在這操練「與神的性情有分」的功課上，節制是其中一環。操練節制有何益處？在倚賴消費以保持繁榮的香港裏，這樣做會令我們吃虧；而對香港人來說，貿然吃虧是不可容忍的，但在基督裏，節制是人逃避世俗虛榮的誘惑(彼後一 8～9)的方法。節制就如眼藥，本來視野模糊的，藉著節制等操練，視野清晰，能知所先後，然後進退就不會失據(9節)。這樣，信徒就能綻放出奇異的生命力，結出奇妙的果子來。

3. 節制是信徒**勝過罪惡的努力**(彼後一 10，三 14)。經文的意思非常清楚：「你們若行這幾樣，就永不失腳」(10節)，「失腳」就是指犯罪、跌倒。在當時寫作彼得後書的處境中，失腳可能就是被假先知和假師傅所誘惑而離開真道(二 18～22，三 3)。今日，假師傅或假先知不一定是教會圈子內所指的異端，亦可以是慾望：享樂主義，要吃盡天下珍饈百味；消費主義：追求最新或最「潮」的玩意等。

明光社曾經做過一項調查，分析了四本青少年的雜誌《Teens》、《Yes!》、《壹本便利》和《東Touch》某一期的內容，結果發現兩本以中學生為主要對象的雜誌《Teens》及《Yes!》，分別有百分之十四和百分之七十六的內容是娛樂和流行商品的資訊，報導的不外是潮流服飾、影視娛樂、電子產品、影音器材及美容產品等。另外以高中、大專及職青為對象的雜誌《壹本便利》，有百分之八十九點七內容是有關娛樂和流行商品的資訊，而《東Touch》則有百分之八十六點六。[1] 這些大量資訊的鋪排，明顯只有一個目的，就是要製造、催谷、提升已經幾乎失控的慾望。在這些琳琅滿目、令人眼花撩亂、心猿意馬的商品資訊中，我們可以再次聽見伊甸園中蛇的話：「神豈是真說不許你們吃園中所有樹上的果子嗎？……你們吃的日子眼睛就明亮了，你們便如神……」(創三 1、4)然後，我們可以看見一個又一個現代男女如夏娃般，「見那棵樹的果子好作食物，也悅人的眼目，且是可喜愛的，能使人有智慧。就摘下果子來吃了……」(創三 6)，就中了蛇的圈套。

如果在那一刻，夏娃想起神其實已經把園中所有樹上的果子都賜給他們作食物，生命所需已經一無欠缺，她不需要這棵樹上的果子，這樹上的果子對他們的生命的素質和水平來說，其實沒有絲毫關係或影響；若她在那一刻想起神的話，若那時她願意遵行神的話，若那時她倚賴神的話，行使節制的能力，把已伸出的手收回的話，一切都要改寫了。

這場景當然是虛構的和假想的，但在現實中，我們卻是日復日地重演著這幕戲。香港就像一個俗世的伊甸園，在其中信徒要學習節制的功課，但有多少人成功呢？

總結

我們有沒有察覺到香港人正在敬拜一個名叫「消費」的新偶像？香港人對它寄與厚望，深信它能使香港一直繁榮，深信它就是香港的救星。我們又有沒有察覺到，我們這些信徒可能在有意無意間跟所有香港人一同敬拜它？

正如從一粒沙可以看見整個宇宙，同樣從小小的行為和思想也可以看見信仰的內涵和意義。若信耶穌基督的人，若那些自命有天國永恆的生命和盼望的信徒，尚且不能擺脱物質的羈絆與纏累，那麼我們還傳甚麼福音呢？若我們尚且不能為天國的緣故，操練節制，那麼天國的盼望是真實可信的嗎？若這所謂天國的吸引還不及地上的吃喝玩樂，我們還要等候它嗎？我們還應盼望它嗎？若我們一方面盼望天國，另一方面又追逐消費主義的刺激，我們豈不是患了屬靈的人格分裂嗎？

若我們願意節制，那麼我們就會有多一點時間親近神，我們願意嗎？

禱告

主啊，若我已經被物質的慾望捆綁的話，求主拯救！主啊，我願愛祢更多，求祢將我的心從物質的誘惑中奪回，歸祢所有。阿們。

思考問題

❶ 在香港，實踐節制有何意義？

❷ 在屬靈上，我們如何才能操練節制？

❸ 節制會帶來損失嗎？

Ⅱ 八福

10 虛心的人有福了！

馬太福音五章 3 節

中國政府曾提出的一個治國理念，就是要建立一個「和諧社會」。這理念是在二〇〇四年九月十九日，中國共產黨第十六屆中央委員會第四次全體會議上正式給提出來的。從那時起，和諧就成了中國治國的重要價值取向，反映了新一代中國領導人的人本立場和開明的態度。到二〇〇六年，中國共產黨十六屆六中全會為把「和諧社會」理念寫入中共黨章和憲法作出了準備。

和諧社會這概念愈來愈受重視，從側面反映了一個現象，就是社會上出現了嚴重的不和諧。導致不和諧出現的因素，包括貧富懸殊問題日益加劇、人民的聲音得不到重視、為官者濫權等。建立和諧社會的目的就是要把這負面因素剷除，栽培正面的核心價值，包括「民主法治、公平正義、誠信友愛、充滿活力、安定有序、人與自然和諧相處」等主要內容。[1]

作為一個信仰羣體，我們也有本身的核心價值，當我們都認同、接受和實踐這些價值的時候，這羣體就是一個合一和諧的羣體。在登山寶訓的八福中，我們看見建立信仰羣體的一些重大原則。當我們要朝向和睦相交的目標進發時，我們要反覆學習，盼望在培養這些價值和素質的過程中，我們可以享受到和睦相交的美和善。

登山寶訓與八福

記載在馬太福音五章 3 至 12 節的，是一系列關於有福的宣告。這段經文是登山寶訓的引言，顯明登山寶訓中教導的基本原則，所以有其特殊的重要性。這段經文分為十個小節(類似舊約的十誡)，每個小節都是以「有福了！」作開始，其中最為人熟悉的，就是俗稱為「八福」的一段（3～10 節）。

八福的性質是教導性的，在馬太福音當時的處境中，八福闡明了耶穌所傳「天國的福音」的內涵是甚麼，以及這福音對接受的人有何意義。

八福的內容是經過悉心安排的，反映這些教導對初期教會的重要性。八福現時的編排有一個框架，由 3 和 10 節組成，這點可從「因為天國是他們的」在這兩節經文中重複出現可以看出。因這句話宣告誰能進入天國，所以帶有審判的味道。此外，因為「義」在第四和第八個福中出現，所以藉此可以把八福分為兩部分。八福中各小節都由兩句話組成，第一句宣告出「福」的內容，第二句則帶出應許，說明為何所列舉出來的可被稱為「福」。各個應許的共通點，就是它們都是末世的宣告，宣告出具備這些條件或素質的人將會在天國中獲得甚麼賞賜。不過，因為在新約的教導中，末世、天國與現世在某程度上是延續的，所以我們不能把未來和現在的作完全的分隔。所以，這些天國的賞賜其實在現世就已經可以享受。天國的來臨必定為人目前的處境中帶來重大的意義，因為這些福和應許要塑造信徒在現世的生活態度和方式。正如印度的甘地（Mohandas Gandhi）曾說：「欲變世界，先變其身。」（"You must be the change you want to see in the world"）所以，八福，甚至整篇登山寶訓，都是天國人的信仰和行為綱領。

八福之首是「虛心的人有福了！因為天國是他們的」（太五 3）。有學者認為這話是八福的總綱，有提綱挈領的作用，而其餘的七小節均可視之為它的引伸和演繹，意思就是下文「哀慟的人」、「溫柔的人」等都是「虛心的人」的演繹。所以，「虛心的人有福了！」這話，有特殊的重要性，相信現在對我們仍有重要的提醒和教導。

虛心與貧窮

在馬太福音，第一個福的內容是「虛心的人有福了！」，但在路加福音六章 20 節，同一個福的內容是「你們貧窮的人有福了！因為神的國是你們的」。「虛心」和「貧窮」在原文很相似，因為在兩句話中都有「貧窮」一詞，相信兩卷福音書的記載是同一句口述傳統的演繹，而「貧窮」一詞出現，顯示這宣告與貧窮和財富有關，而且路加福音接著在 24 節又記載耶穌宣告說：「但你們富足的人有禍了！因為你們受過你們的安慰。」這印象就更明顯。所以「貧窮」看來是我們理解耶穌的話的起點。

耶穌如何看待財富和貧窮？在撒種的比喻中，耶穌說有些種子「落在荊棘裏的，荊棘長起來，把它擠住了」（太十三 7），「荊棘」就是指「錢財的迷惑」（十三 22）。曾有人向祂求問如何能得永生，耶穌最後對那人說：「你若願意作完全人，可去變賣你所有的，分給窮人，就必有財寶在天上；你還要來跟從我。」（十九 21）作耶穌的門徒的條件，就是要「撇下一切所有的」（路十四 33）。這些教導的信息很明顯，就是地上的財富雖非為萬惡之根，但很多時候會成為我們跟從耶穌的障礙，所以人若要專心跟從耶穌，就必須好好管理地上的財富，免被它轉移了視線和焦點。那向耶穌求問永生而最終憂憂愁愁地離開的人，就是一例，「因為他的產業很多」（太十九 22）。所以，在屬靈的層面上，貧窮是勝過富足。但耶穌所指的貧窮，並非為恨憎財富而貧窮，出發點不在對財富有負面的態度，而是在於人對基督的重視，勝過對財富的倚賴或執著。

在初期教會，有信徒因為對基督的愛而甘於貧窮，這些都是我們熟悉的。在蒙恩得救後，初期教會的信徒出於熱心和愛心，都「在一處，凡物公用，並且賣了田產、家業、照各人所需用的分給各人」(徒二 44～45，四 32、34～35)。初期教會的信徒為了福音的緣故，或被福音的大能所感動，甘心情願地作貧窮人，而在這基礎上實踐和睦相交。

我們現在看來，這種由有變無的事情，實在難以想像。正如俗語說:「人望高處，水往低流」，人總是想往上爬，窮的渴望富有，而富有的就更想成為超級富有。但耶穌的話把跟隨祂的人的目光指向另一個目標，讓他們知道在生命中有比積聚財富更重要的事，因為天國已經來臨了。

「在靈裏貧窮的人」的渴慕

馬太福音的記載與路加福音所記載的有顯著的差別，馬太福音為「貧窮」加上了「在靈裏」的形容，所以第一個福按字面的解釋是「在靈裏貧窮的人有福了！」。

馬太福音為甚麼這樣記載？所謂有福就是幸福、快樂的意思，為何「在靈裏貧窮的人」是快樂和幸福？似乎馬太福音的作者希望藉著「在靈裏」的形容，把我們的注意力指向內心的態度和思想，也同時解釋耶穌所談及的貧窮，並非單純是外在的，經濟或物質上的缺乏，更是指人內在心靈的素質或態度。耶穌所講的貧窮，雖然包括了物質的貧窮，但它的意義遠遠超過肉身的貧窮。

理解「在靈裏貧窮」的含義時，以賽亞書六十一章 1 節是很重要的經文。在經文中，先知自覺神差遣他去

「傳福音給貧窮的人」(「貧窮」《和合本》譯作「謙卑」)。從這背景看，「貧窮」所針對的可能是神拯救的對象和目標；照此理解再引伸，貧窮就是那些專心渴慕神的救贖臨到的人。

若這理解是正確的話，那麼在靈裏貧窮的人就會是那些等待神的國、神的救贖彰顯的人。他們「在靈裏」沒有其他的慾望和需求，他們所需要的就是神自己。耶穌宣告這些人是「有福的！」：他們是滿足的、快樂的、幸福的，「因為天國是他們的」，意思就是說天國裏有他們的位置，因為他們具備了進入天國的條件。那麼他們要等多久才能享受進天國的應許呢？事實上，隨著耶穌去傳道，神的救贖也實在已經臨到了。因為在馬太福音四章 17 節記載：「從那時候，耶穌就傳起道來，說：『天國近了，你們應當悔改！』」而在馬太福音十一章 5 節，耶穌回答施浸約翰差來的門徒，說「那將要來的」(3 節)是已經來到了，因為「瞎子看見，瘸子行走，長大痲瘋的潔淨，聾子聽見，死人復活，窮人有福音傳給他們」。所以，對「在靈裏貧窮的人」來說，他們已經得著了所應得的賞賜。不過，站在信仰和神學的角度來說，神的國度還未完全，或是最終極地臨到，所以信徒還要等待。在這基礎上，在靈裏貧窮的人就是專心等候上帝的國度在末世時候最終降臨，並且以此為生活的目標的。耶穌應許他們，他們的等候是不會落空的，因為「天國是他們的」，而天國已經彰顯在他們眼前了！

「靈裏的貧窮」就是指對天國的等候，這要作為信徒日夕的盼望。所以耶穌教導門徒在祈禱時要以此為首要的和焦點：「我們在天上的父：願人都尊你的名為聖。願你的國降臨；願你的旨意行在地上，如同行在天上。」(太六 9 ~ 10)

這貧窮的標記

在靈裏貧窮的人是專心等候神的國度降臨的，這信仰或屬靈的態度直接塑造他們屬靈生命的內涵和內心的態度。新約學者指出，「在靈裏貧窮」其實是一個源自舊約的觀念，靈裏貧窮就是屬神的百姓的標誌。

詩篇七十二篇 2 節這樣說：「他要按公義審判你的民，按公平審判你的困苦人。」「困苦人」按原文就是「貧窮人」。「困苦人」這翻譯很能夠捕捉「貧窮」這個詞的意涵：困苦包括物質上的缺乏，社會地位低微，政治權力的薄弱，因而這樣的人成為了沉默、失聲的一羣。在以色列社會中，這羣人包括了寄居者、孤兒寡婦、奴隸、雇工、身體有缺陷的。但詩人的話為這陰暗的角落投射了一線耀眼的曙光，因為他宣告這位新登基的君王要成為神在地上建立公義、維護公義的先鋒，「以公義審判你的困苦人」；「審判」的意思其實就是拯救。特別有意義的就是，詩人稱這些社會上的邊緣人為「你的困苦人」：這些困苦人雖然在社會是失聲，甚至是隱形的一羣，但他卻是與神有獨特的關係，是屬神的一羣，即是說神特別關心他們的處境。

從另一角度看，困苦人之所以被稱為屬神的，是因為當他們在地上飽受壓迫、求助無門時，他們就轉向神，仰望祂，祈求祂的看顧和拯救。因為他們內心對神的倚靠，所以困苦人就成為神所特別看顧的一羣。可能我們會認為這是另一種形式的不公，因為貧窮人不一定是義人，也不一定是特別信靠神、信賴神的人，就如並非所有有錢人都是惡霸，以行不義當家常便飯的人一樣。那麼，倘若神維護一個多行不義的窮人，這豈不是說神也在行不義嗎？當舊約稱貧窮的人為「神的困苦人」時，它並沒有把貧窮美化或浪漫化，也沒有盲目地認為貧窮就等如義人；人始終是人，窮人當然也會犯罪作惡。所以，能夠屬於「神的困苦人」之列的，當然是那些真心相信神，而自己也努力實踐公義的生活的人。為了要表達這點，《和合本》有時會把「貧窮」翻譯為「謙卑」；以賽亞書六十一章1節就是一個例子：「叫我傳好信息給謙卑的人」，「謙卑」原文是「貧窮」。謙卑人在這世上一無所靠，也別無所求，惟一的盼望就是神。他們的目光集中在神那裏，他們所等候的只有神。心中只有神的人，就當然是神的百姓。

其實，在香港，我們看見不少這樣的例子。香港成為世界抗議遊行之都，因為幾乎每天都有人上街遊行，發表訴求。姑勿論這些訴求是真是假，成立還是不成立，人要上街遊行大聲疾呼的原因，就是要政府當局聽見他們的聲音，知道他們已經有冤無路訴，政府是他們惟一可以投靠和寄望的對象。這社會情況正好說明了，在屬靈裏人也因為同樣的原因而向神發出訴求，人謙卑地承認自己的無助、軟弱、困苦，而他們相信神就是他們所需要的答案。

我們應該追求這種在靈裏貧窮，以謙卑來回應神的作為，以此作為我們共同的標記，以致在實際生活裏我們即使真的貧窮、一無所有，但在靈裏，我們卻是富足的。因為當我們的眼目注視神的時候，我們就享受到天國，成為有福的人。

認識自己的貧窮

在靈裏貧窮除了指對天國心存盼望，對神全心倚靠外，還有另一層意思，就是對自己的認識。貧窮是一種內心的態度和對自我的認識，是從自省而來的。

西方哲學中有一句名言：「知己」（Know thyself），傳說中是刻在德爾斐（Delphi）這地的太陽神廟入口的門楣上。這句話有何意思？就是我們認識到自己的本質或本性是貧窮的——軟弱、多有不足，而且人本身有無法超越的限制，這限制的最終表達就是死亡。我相信所謂的謙卑，就是接受和承認這點。這觀點亦出現於舊約的智慧傳統中。約伯記中以利法曾這樣說：「必死的人豈能比神公義嗎？人豈能比造他的主潔淨嗎？」（四 17）意思就是人除了是必死的以外，也是污穢的、屬物質的（四 19），在世間的日子既短暫又無意義（四 20）。似乎以利法也在對約伯說：「好好地認識自己吧！你就會明白為何苦難會臨到你身上了。」

從這角度理解，貧窮代表我們對人生有很深入的體會，但這體會不能只停留在認知的層面，而是要更進一步地塑造我們屬靈生命的成長。認識到人的基本狀況是貧窮的，這有何意義或影響？影響之一就是人會真正謙卑。不再自恃、自以為是，因為我們認識到自己的軟弱和不足。這就是耶穌的教導，我們要先除掉我們眼中的梁木，看清楚後再去除掉弟兄眼中的刺（太七 1～6）。其次，我們會坦然接受貧窮這狀態，並以此作為生活的態度或方式，減少對物質生活的追求，甚至可以去除肉體的慾望。

在屬靈的生活中，貧窮是一個很重要的操練。耶穌在登山寶訓就這樣教導：「不要為自己積攢財寶在地上……只要積攢財寶在天上。」（太六 19）為甚麼？因為地上的財寶是會朽壞的，是不長久的，沒有永恆和終極意義的。今天讀來，這句話格外有意思。金融海嘯期間，全世界蒸發掉的財富以兆億計，若沒有這樣的「另類海嘯」，我們絕對不會相信這樣的事是可能發生的，我們只會以為股市只升不跌。現在再看耶穌的話，的確有點黑色幽默：「……有蟲子咬，能銹壞，也有賊挖窟窿來偷。」（19 節）耶穌說：「你們的財寶在哪裏，你的心也在那裏。」（太六 21）。有經濟專家指出，金融海嘯帶來的結果之一是「過度消費年代突然終結」。[2] 我們都知道，過度消費源起於對物質的慾望，所以，金融海嘯對我們來說是當頭棒喝。在享受和尋求消費的刺激時，其實我們正受到它的纏繞和束縛，若要從纏繞和束縛中得回自己，就需要拋棄這種追求，調校目光，重新集中在那真正重要的和必須的事上。

當我們聚集在基督的十字架下，我們一切的成就、一切知識、聲譽都變得無關重要，真的如浮雲一般，因為我們原本都是一無所有的，是真真正正的貧窮。學習貧窮是我們進入天國的第一步。

總結

金融海嘯如排山倒海般臨到，香港市民，包括信徒在內，都無可避免地上了以「貧窮」為題的「密集課」。貧窮實在包含很大的屬靈意義。在這經濟不景、蕭條、通縮狀況的「教室」中，我們來看耶穌的話：「在靈裏貧窮的人有福了，因為天國是他們的。」祂呼召我們重整信仰的先後次序，要我們重新校正生命的方向，在提醒我們那真正值得我們追求的、等候的、盼望的，除了神自己以外，就再沒有別的了。

禱告

至聖的主，祢的話就是智慧，求祢教導我明白虛心的功課，教導我如倒空自己，以致我們能承載祢的豐盛。阿們。

思考問題

❶ 為何靈裏貧窮的是有福的？

❷ 我們如何才能成為靈裏貧窮？

❸ 靈裏貧窮的呼召如何影響你的生活？

11
哀慟的人有福了！

馬太福音五章4節

二○○八年五月十九至二十一日這三天內，每日下午二時二十八分，全中國各地，包括香港特別行政區，都為四川地震的遇難同胞默哀。這真是震動人心、驚天動地的事；毫無疑問，這次必然是有史以來，全世界最大型的哀悼儀式。有傳媒這樣形容：「五月十九日下午兩點廿八分，淒厲的鳴笛和防空警報響徹整個中國，國旗降下半旗，車輛停駛、行人駐足、坐者起立，無數相隔萬里的人們，同時哭出聲來。」[1] 在這三日，上至國家領導人，下至一般販夫走卒，都一律在這時間停下來，放下手中的工作，在原地肅立，向死難者致哀。在這三天的默哀時刻，相信是中國十三億人民最團結、最合一的。在這三天，全國十三億人民擁有一個共同的目標，十三億顆心為同一件事牽掛著，就是當時仍埋在瓦礫下的遇難者。

在這事上，我們很真實地明白到哀慟是一股很大的力量，而哀慟其實並不只是眼中的淚水而已。這次令人難忘的災難，可以是我們思想八福中第二福的實際背景。我們要帶著嚴肅的態度，來聆聽耶穌的宣告：「哀慟的人有福了！因為他們必得安慰。」但「哀慟」是甚麼？「安慰」又是甚麼？為何基督的門徒要擁抱哀慟、肯定哀慟？讓我們仔細思考其中屬靈的教導。

生命本質的標記——哀慟

我們先從個人層面開始；在現實世界中，人會為各種各樣的事而哀慟，所以某程度上，哀慟是人生命本質的標記。傳道書裏有一段我們很熟悉的經文說：「凡事都有定期，天下萬務都有定時。生有時，死有時……哭有時，笑有時；哀慟（按：原文是「搥胸」，表達劇烈哀傷的身體動作）有時，跳舞有時。」（三 1～2、4）所謂「定時」，所指的並非時間，而是在當時所發生的事。所以這段經文的意思就是：人生中既有生，也就有死，我們會遇到令人哀慟的事，也會遇到令人歡欣跳舞的事。這些都是人生必經的，這些「定時」某程度上勾畫了人生的程歷。

我們的確會面對很多令人悲痛的事。如前幾年一個一月十日的早上，在上水彩園邨發生的案件，給市民帶來巨大的震撼，也說明了傳道書所說的「有時」是何等難捉摸和明瞭，充分反映人生的無奈。事件中，一家人本來相安無事，前晚一同吃火鍋，樂也融融，但第二天早上醒來時，身為叔叔的男子無緣無故把他的侄女擲出窗外，然後自己隨即跳下自殺。事出突然，遺下了很多謎團，仍然無法解開。相信對事主的家人來說，在短短一分鐘內先後失去了兩名至親，其悲痛之處，外人實在無法明白。

即使耶穌基督自己也曾因生命的離逝而難過。當祂和一眾猶太人站在拉撒路的墳墓前，經文記載說：「耶穌哭了。」（約十一 35）記載中沒有說明為何耶穌會在這時候哭，或為甚麼哭。有認為祂是為拉撒路哭，因為耶穌很愛拉撒路三姊弟，所以相信摯友之死深深地觸動了耶穌，使祂也不禁落淚（約十一 36）。但亦有人認為耶穌是因為當時在場的猶太人的議論而哭，因為他們的議論顯示他們心硬不信（約十一 37）。不論是甚麼原因，耶穌的哀哭表明了祂是滿有憐憫的主。祂哭，表明了祂雖然是神的兒子，卻降世成人，因此能夠深深地體會到人生命中的困境。祂與世人行走相同的道路，祂的哀哭表明祂對人的處境的理解和認同，祂自己也正是為此而來。耶穌的哀哭，就是世上所有落在哀慟中的人的安慰，因為我們知道，在哀傷中，別人可能無法真正了解我們的傷、我們的痛，但耶穌知道，祂可與我們同哭。

「哀慟的人有福了！」這句話，出自這位深知人間哀傷的主的口，祂要凡聽見的都知道，不論是甚麼原因，人的哀慟都會得到天父的關注，祂要我們知道天父特別關心哀慟的人，對他們格外的憐憫和慈悲。哪裏有哀慟，那裏就有天父的憐憫。所以，哀慟的人有福。

更深刻的一種哀慟

除了生離死別的哀傷外，哀慟還可以有更深刻的意義。在世上，哀慟的人中很多是世上的不義和罪惡的受害人。相信在耶穌的時代的人，每日都面對很多不公平，但又無力反抗的事；作為小市民，他們只能無奈地接受，因而成為名副其實的「哀慟的人」。登山寶訓中也反映了一些例子，如債主向欠債人索償，要拿人所僅有的衣服作抵押品（太五 40），又或有人可以仗著手中權勢，肆意強迫他人為自己勞動，或佔人便宜（太五 41）。作為耶穌的門徒，更會遭受人「捏造各樣壞話毀謗」（太五 11）。相信這話反映了日後初期教會的信徒每日都會面對的攻擊、誣告，相信他們也會因此而悲傷難過，覺得人格和尊嚴受羞辱。但耶穌的話：「因為他們必得安慰。」要成為他們每日的力量。今世的力量只能殘害他們的身體，但那將要降臨的天國，要還他們一個清白，那時他們的哀傷就會變為喜樂，屈辱要成為榮耀。

在這種情況下，哀慟的人不一定每天都以淚洗面，但他們心中有很大的渴求，就是公義得以建立，還他們一個公道和清白。若這渴求得不到滿足，他們心中的哀慟就不會消失。在四川地震發生後不久的六月一日，距離六．四週年的前夕，發起「天安門的母親」運動的丁子霖到了天安門他兒子遇害的地方致祭，這是十八年來的第一次。每年差不多到六．四週年紀念時，丁子霖就被當局軟禁，有時甚至被拘留，就如犯了法一樣。但去年卻破例，有一當局人士致電給她，暗示今年沒有人會攔阻她到天安門。丁子霖可說是一個名副其實的哀慟者，她心中的哀慟無法平伏，因為在她眼中，公義還未得到伸張，他兒子的名字仍未恢復清白。在四川地震發生後，國務院宣佈全國連續三日為死難者默哀，有記者訪問她，她表示盼望國家也為六·四死難者致哀和妥善照顧遺屬。當她聽見全國為地震死難者下半旗哀悼時，立即反問:「何時國旗才會為六·四受難者而降？」「為死難者致哀」當中的哀慟，下半旗所象徵的哀傷，對丁子霖來說，就是公義，這就是她的安慰。丁子霖的請求反映了一點，就是對哀慟的人而言，不義的存在是他們仍哀慟的原因，他們心中的哀傷，只有公義得彰顯時才能被撫平，而且，哀慟的人是不會輕易忘記令他們哀傷的源頭。

很可惜，在人世間，因為人的罪惡，最後公義無法實現，只有等待神所應許的國度降臨時，才會彰顯出來。這也就令人更為哀慟了。對受壓迫的人來說，他們最終的釋放是要等待他們站在白色的大寶座前，聽神的審判時，才會成就。但耶穌應許這些人，「哀慟的人有福了！因為他們必得安慰」。所以，哀慟的人不只心中滿懷悲痛，他們更是日夕等待和盼望神的國度降臨，神的主權彰顯的日子，早日來到。耶穌宣告說，這樣的人是有福的，因為他們的等待和信心必定不會落空。

哀慟的人

懂得為世上的事而哀慟的，是願意關心別人的人。相反，不會為別人的事而哀慟的，就是心中麻木的人。在阿摩司書六章 1 至 7 節，先知嚴嚴地斥責當時以色列社會中的權貴只會享樂，對當前社會上種種現象漠不關心。這些權貴只會終日「躺臥在象牙牀上，舒身在榻上」（4 節），吃上好的食物，「唱消閒的歌曲」（5 節），「以大碗喝酒，用上等的油抹身」（6 節），他們是如此沉醉在豪華的宴樂中，「卻不為約瑟的苦難擔憂」（6 節）。這些是甚麼「苦難」？就是窮人的價值只及一對鞋（二 6）；謙卑人的道路被阻礙（二 7），相信就是他們應得的司法保障被剝奪了；還有貧民被踐踏（五 11）。另一方面，這些權貴「苦待義人，收受賄賂，在城門口屈枉窮乏人」（五 12）。這是何等尖銳的責備！面對這些苦難而能夠面不改容的，毫不擔憂的，這人的良知必然是麻木了。「擔憂」一詞的翻譯有點把原文的意思淡化了，應該理解為「病倒」，反映一種極度的關心，到一個地步如患了重病一般。「苦難」一詞也略嫌輕描淡寫，原文的意思是「殘破」，是道德的殘破、信仰的殘破、是睦鄰關係的殘破、崩潰。面對殘破的國家，任何愛這國家，關心這國家的人都會因難過悲痛而病倒。相比之下，面對殘破的國家，卻忘我地享樂，絲毫沒有哀慟的流露，這輩肯定是麻木不仁的人。

先知阿摩司曾否為這情景落淚痛哭，我們無法得知，但這番嚴厲的批判，毫無疑問是出自一個真正關心這殘破國家的先知的口。哀慟的人不一定淚眼盈眶，但眼中無淚，心中卻在落淚。這種深埋在內心的哀慟，可能比流於表面的哀慟更深，因而可以發出更巨大的力量，因此阿摩司先知可以一方面以嚴厲尖銳的說話責備人，而另一方面為這殘破的國家而懇切代求（摩七 1～9，八 1～2）。代求是一件高危的工作，因為代求者是置身於正在發烈怒的神和祂要審判的對象之間，以自己的軀體為「防火牆」，膽敢站在被判有罪、等候審判懲罰的一方，來與神「作對」。但阿摩司願意，因為他的心正在為這國的百姓而哀慟，這哀慟的深與切，在他代求的話中完全流露出來（七 2、5）。

耶穌基督宣告說：哀慟的人有福了，因為他們必得安慰。具體而言，阿摩司如何得著安慰？這問題很難回答，因為他的代求似乎得不到正面的回應。大概，他的安慰在於他自己的信念，就是相信耶和華是公義的主，也是憐憫的主。他的安慰在於耶和華的憐憫；他深信在高於天、深如海的憐憫中，耶和華不會完全棄絕這百姓。

哀慟的操練

「哀慟的人有福了！」這句不按常理的話，挑戰我們對「何謂有福？」的理解和期望。年近歲晚迎接農曆新年的時候，我們會滿口吉利的說話，相信這些吉利的話代表了我們對「有福」的期待和願望。耶穌的說話與我們的期望背道而馳，也尖銳地挑戰著我們，要我們再三思想有福的定義和準則。

從屬靈的層面來，這句話除了應許給哀慟的人有安慰，也告訴我們跟隨耶穌的門徒的標誌是甚麼，就是哀慟，在這層面上，哀慟是個屬靈的操練。

路加福音二章中有關耶穌出生的記載中，有一個名叫西面的人，路加福音裏這樣形容他：「這人又公義又虔誠，素常盼望以色列的安慰〔者〕來到，又有聖靈在他身上。」（25節）這西面可說是哀慟的人的一個好例子，因為經文中記載他「素常盼望以色列的安慰來到」，他既然日夕等候「安慰」，那麼他的內心就必然藏著傷痛了。但他的傷痛並非一般源自生老病死等的傷痛。一般傷痛會因年日消逝而變淡；他的傷痛是因為以色列的光景是如斯可憐而產生的悲痛，因為這可憐的光景仍然存在，這傷痛就揮之不去。西面是愛以色列的人，堪稱為「以色列之子」，因為他心中所記掛著的，是以色列的得救。在這世上，惟一能撫平他的傷痛的就只有一件事，就是「以色列的安慰」臨到。西面應該不至於每日以眼淚洗臉，他會與常人一般過著生活，但他心中的渴望，是無法從別處得著滿足的，只有神自己的拯救才可以。他「素常盼望以色列的安慰」，這成了他屬靈操練的一大重點，以致神特別恩待他，讓他可以親眼「看見主所立的基督」（26節）。按照耶穌的標準，西面是一個已經得蒙安慰的人，因為路加福音記載當他在聖殿中看見主耶穌後，他的哀慟就變成讚美，並且唱出頌歌說：「主啊！如今可以照你的話，釋放僕人安然去世；因為我的眼睛已經看見你的救恩。」（29 節）神憐憫他，讓他由渴望至哀慟的心，得蒙安慰。

在這大前提下，馬太福音九章 15 節記載了耶穌所講的一個比喻，看似與八福中的宣告互相矛盾的：「新郎和陪伴之人同在的時候，陪伴之人豈能哀慟呢？但日子將到，新郎要離開他們，那時候他們就要禁食。」這句說話是耶穌回答施浸約翰的門徒的詢問，為何耶穌的門徒不禁食（14 節）。基本上，禁食是哀傷的表現，若非有重大事故臨到，一般的以色列人一年就只有一天要禁食，就是在贖罪日（利十六 29，二十三 26～32）。耶穌的說話的意思是，當耶穌與門徒在一起的時候，不是禁食（即哀傷）的時候。因為耶穌到世間來，象徵著國天的降臨，應該是喜樂的，而門徒與耶穌好像一同享用盛大的婚宴一般，試問在這時候，禁食哀慟又豈是時候？不過，到耶穌離開門徒的時候，他們就要禁食（哀慟）了。這話是指著耶穌被釘十字架、復活、升天的事而說的。當耶穌不在門徒身邊時，那時他們就要禁食、哀慟了，因為他們進入了一段等待期，等待天國降臨，而在等待期間，門徒的日子不一定好過，因為逼迫、欺壓的事臨到他們身上（太五 11，十 16～25，二十四 9～14）。在這段等候期中，哀慟就是門徒的標記，也是他們屬靈操練的核心。這時候，他們就要想念耶穌的話：「因為他們必得安慰」，這話是他們心中的力量。

哀慟得到安慰

國務院總理溫家寶被國內地一份雜誌《南方人物》被選為二〇〇八年的「年度風雲人物」。報章評論員蔡子強在一篇文章裏引述《南方人物》的內容：「在這驚心動魄的一年，幾乎在所有事件背後，我們都能看見溫家寶總理的身影。他以沉毅、果敢的形象，呈現出我們國家在社會轉型期的艱難努力。」蔡子強這樣形容溫總理：「溫家寶那雙總是給人感情豐富，甚至熱淚盈眶感覺的大眼睛，溫情、仁厚的磁性嗓子，以及體貼、慈祥的爺爺形象」，就是這慈父形象「在中國過去大喜大悲、跌盪起伏，也是災劫洗煉的一年，撫平了民眾的感情，愈合了百姓的傷口」。

文章中提到二〇〇三年溫總理來到「沙士」後的香港，特地到重災區淘大花園走一趟，探訪因「沙士」喪失母親的孤兒，他對喪失太太的郭先生說：「你的夫人過世了，我們心裏都好難過。我特意來看你……你做父親又做母親，很不容易啊。」蔡子強這樣說：「他的體恤好好撫平了無語問蒼天的罹難者家屬的感情創傷。我想這正是一個苦難的民族，最需要的感情慰藉。」[2]

這活生生的例子，說明了「哀慟的人有福了，因為他們必得安慰」的道理。這裏所描述，只是一個人間的領袖，他很盡力地穿梭在各處有天災人禍的地方，以他的關懷、慰問來安慰無辜被災難所困的百姓，而他所能做的，是那麼不完全、有限、片面，但尚且能叫落在悲苦中的人稍得慰藉。試想那以聖道之尊而成為肉身的耶穌，祂的安慰何等真實、可靠、全面、永恆！

耶穌宣告的八福，把我們的目光引向永恆，叫我們不只活在當下，面對各樣令人無奈、難過、悲傷的事，更使我們知道現時的哀傷，只是短暫的，而所應許給我們的安慰，是永恆的、真實的、值得我們等候和盼望的。在今世，有太多令人哀慟的人和事：以巴衝突、「九一一」恐怖襲擊、四川地震中的死難者，現在還活著的倖存者、非洲索馬里（Somalia）的饑民、各處人權和尊嚴被剝奪的人。但我們的哀慟是不會落空的，因為神的公義和救恩必然彰顯在我們眼前，那時候，我們的哀慟就因為得到了安慰而成為歡呼喜樂。

禱告

滿有憐憫的主，感謝祢，因為何處有傷慟，何處就有祢的同在。主啊，在這充滿令人難過傷心事情的世界中，惟獨祢的應許能將安慰帶給在愁苦中的人。主啊，我等候祢！

思考問題

❶ 在這世間，誰是哀慟的人？

❷ 為何在我們周圍有這麼多令人哀慟的事？

❸ 甚麼是哀慟者的安慰？

12

溫柔的人有福了！

馬太福音五章 5 節

《魔戒》這齣電影改編自一本名叫 *The Lord of the Rings*（意思是《魔戒之主》）的小說。小說的主要內容講述在遠古時被鑄造成的一隻戒指，這戒指其實是九隻中的一隻，具有無比的能力或魔力，所以有很多有勢力的人千方百計都想得到它。為了避免魔戒落入邪惡勢力手中，一羣正義之士誓死要把魔戒消滅，方法就是把它投入在魔多（Mordor）境內末日山（Mount Doom）的火湖中，這火湖其實就是魔戒的根源。到底誰是「魔戒之主」？並非那些能夠擁有魔戒的人，而是那些能夠抗拒它的誘惑和吸引，避免反被魔戒所擁有和駕馭的人。最後，魔戒被這些不受其迷惑的人，冒死帶到末日山，投入火湖中，徹底消滅，使它無法再遺害人間。

在這羣正義之士中，有四名哈比人（hobbits）。托爾金（J. R. R. Tolkien）所創造的哈比人是愛好和平、與世無爭、生活簡樸、而且樂在其中的，通常他們都能有百歲以上的壽命。這四名哈比人被選上了，其中名叫佛羅多（Frodo）的更自動請纓要親手把魔戒投入火湖中，他的朋友山姆（Sam）就護送他，另外還有兩個哈比人梅里（Merry）和皮聘（Pippin）則是貪玩而來的。在整個過程中他們經歷了很多艱難，出生入死，最後由佛羅多完成任務。這四名哈比人最初出發前往魔多前，佛羅多的叔叔比爾博（Bilbo）送他一件盔甲，這件盔甲很薄很輕，也很柔軟，但比鋼更堅硬，穿在外衣底下，可以抵抗敵人的暗箭或任何致命的武器。從象徵意義來說，這件盔甲可以是這四個哈比人的品格象徵：正義、勇敢、互助、忠誠、心思意念光明磊落，更重要的是他們愛好和平、與世無爭，對權力沒有任何慾望。但這愛好和平的本性沒有攔阻他們，或叫他們膽怯，反而讓他們甘冒最大的危險，完成任務。

《魔戒》中的四個哈比人，以及佛羅多身上的盔甲，在某程度上可以反映出八福中的溫柔——深如海，表面波平如鏡，但內裏卻蘊藏著巨大的能量。

從詩篇看起

解釋八福中第三福，我們要看詩篇三十七篇 9 至 11 節，這段經文相信與耶穌的宣告有很大的關係。這是首教導的詩歌，有學者將它比作一篇講道，目的就是勉勵人要全心信靠神，以此來對抗因惡人得勢而引起對神的懷疑。

這詩篇的主題在 1 節顯示：「不要為作惡的心懷不平，也不要向那行不義的生出嫉妒。」「不平」是「怒火中燒」的意思，並非正義感的彰顯，與下句「生出嫉妒」有互相解釋的關係。這些負面心理或情緒，甚至思想上的反應，其實是對神的信心動搖的記號——因為人對神有懷疑，甚至不信，才會因惡人而心懷不平和生出嫉妒。作者寫這篇詩的目的，就是要鼓勵人要建立對神的能力和公義全然的信靠，以此作為基礎，去面對惡人的興旺。詩人勸勉遇到這情況的人要「默然倚靠耶和華，耐性等候祂」（7 節），又「當止住怒氣，離棄忿怒」（8 節）。為要強化這重要的教導，詩人把「作惡的」人（9～10 節）和信靠神的人的道路（即「命運」）（11 節）作出比較：「作惡的必被剪除」（9 節），他們作惡的時間只剩「片時」（10 節），到時他們就會從地上完全消滅（10 節）；相比之下，「謙卑人必承受地土，以豐盛的平安為樂」（11 節）。經文內容讓我們知道謙卑人就是「默然倚靠耶和華，耐性等候祂」的人，而「承受地土」的意思就是「地土」——即世界——將會歸入義人的權柄之下。現時雖然看來是惡人當道，世界正是伏於他們的惡之下，但這情況不會無了期地延續。在片刻間，這世界就要歸入義人的治理之下了。所以「承受地土」的意思並不是倚靠神的人將會擁有一片可見的、物質的土地，而是他們將會承受治理這世界的權柄，作為他們忠心地過著公義的生活的最終證明和肯定。

詩篇三十七篇 11 節就是我們理解耶穌的宣告的背

景，而耶穌的宣告與詩篇三十七篇的話如此接近，相信並非偶然。在這話的背後，是以神為核心的世界觀，這世界觀肯定神的公義最終是會得勝的，活在這世界，公義的生活是正確的，雖然眼前的環境似乎與這信念背道而馳。這篇詩所教導的，就是人活著是憑信心而不是憑眼見（林後五7）。在神的國度中，最終得勝的是謙卑、信靠神、依賴祂而活的人。

如何溫柔？

何謂溫柔？中文「溫柔」一詞有其本身的意涵，也會引起一些相關的聯想，這些聯想中相信會包括柔弱等意思在內。《和合本修訂版》把「溫柔」修訂為「謙和」，也許會引起謙虛、隨和等印象。不過，若我們從記述八福的處境中看，其實溫柔所指的並非個人的品格或性格，而是指信徒相對於天父的態度。在這基礎上，溫柔與虛心是同義的。這點相信從詩篇三十七篇9至11節的簡短解釋中亦可以看到。所以溫柔是指在屬靈上信徒如何面對天父和面對世界，而兩者之間亦有直接的關係。

有學者嘗試從希羅哲學和倫理學的觀點來解釋溫柔，認為溫柔的品格與善行有密切的關係，是暴戾、兇殘或烈怒的相反。進一步而言，對掌權者來說，溫柔是仁君所必備的條件。這點讓我們看見溫柔與權力並非互相排斥，反而是為君王者行使手中權力的原則。相信這就是近代的一句說話「最大的權力必須以最大的謙卑來承擔」的意思。在初期教會的文獻中，對溫柔的演繹就是「要忍耐、仁慈、除去邪惡、安靜、良善、對所聽的道存著戰兢的心」。這裏包括了一系列的倫理觀念在其中，可見在初期教會時，溫柔成了用來衡量道德生活和信仰實踐的準則。這道德的教導，也深深地影響了登山寶訓的內容（如太五21～26、38～42、43～48，六 12、14～15）。

這討論帶出了一個問題：在面對壓迫、不公的情況下，如何能溫柔？這溫柔有何意義？在一個不公平的社會中，溫柔的人豈不是注定要吃虧？不錯，在一個不公平的社會中宣告「溫柔的人是有福」的，確實顛覆了我們一貫的想法。因為我們身處的社會不斷地將人條件化，使我們深信不疑地認為溫柔的人是會吃虧的，反而有權有勢的人才是有福的。在香港這個頗為進取的社會中，各人每天都活在以適者生存為原則的競爭之下，溫柔似乎對人的競爭力沒有很大幫助。撒母耳記上八章 10 至 18 節一段很經典的經文，說明有權有勢的人是「何等有福」。難怪世人如此渴求權力，因為權力帶來利益和方便，可以呼風喚雨。另一個例子就是埃及法老王，他一聲令下，整個民族被標籤為「不受歡迎」，可以被他肆意地壓迫，以致生靈塗炭。面對這樣橫蠻無理的強權，溫柔只會叫人吃虧。

為何溫柔的人是有福的？答案其實已在馬太福音五章 5 節下：「因為他們必承受地土。」這句話指向將來，就是末世，當神的國度最終顯現時，這是貫穿整段八福的透視點。在這大前提下，這句話有以下的含義：

1. 溫柔是神國度的本質，既然如此，溫柔的人自然是屬於天國的；
2. 所以這人的溫柔並非建立在他們個人的品格上，經文中的「溫柔」並非天生的性格，而是源自神的救恩，和他們對這救恩的盼望和等待。換言之，溫柔是人蒙恩得救的標記；
3. 「承受地土」並非指得著一片土地，使「無產」的變成「有產」的。它所指的是影響力，甚至統治權。這話宣告當神的國度顯現時，世界（「地土」）就會由溫柔的人來管治；
4. 所以「承受地土」扭轉了目前的不公對待。目前是惡人掌握著、控制著這世界，但到神的國度顯現時，這情況就會被扭轉過來。溫柔是建基於這個末世的異象，這末世的異象成為信徒在今世要追求和渴慕的目標。

我們可能會覺得，這樣豈不是等同另一種剝削和壟斷？若是這樣，那麼溫柔最終只是一種掩飾權力慾望的說詞或手段，是虛偽的，因此也是醜惡的。不過，若我們明白溫柔和第一福「虛心」，即在靈裏貧窮，是互通的和相輔相承的話，我們就不會有這誤解了。因為溫柔的人並不會靠人的力量來爭取肯定，而是靠神的能力和救恩。他們所渴望的不是世上的權勢和地位，而是天國裏神的肯定。

非一般的力量

溫柔並不等同軟弱或懦弱，這點可以從耶穌基督身上見到，祂毫無疑問可說是溫柔的典範。耶穌稱自己是心裏柔和謙卑的（太十一 29），這話我們都很熟悉。但耶穌的柔和絕不是軟弱或柔弱；福音書的記載讓我們清楚看見祂絕不會任由人擺佈操控。相反，祂是滿有權能的，就在上文，祂宣告那些拒絕接受祂的道的城市，在末世時會面臨極可怕的懲罰（20 ~ 24 節）。不但如此，祂也聲稱自己是天父真正的和惟一的啟示，因為「一切所有的」，就是指天父的真理和啟示，「都是我父交付」給耶穌的，「除了父，沒有人知道子；除了子和子所願意指示的，沒有人知道父」（27 節）。這些說話讓我們清楚地看見耶穌的權柄。

耶穌稱自己是柔和謙卑的，謙卑就是祂的權柄的特質，以及祂彰顯這權柄的方式。當耶穌使用祂的權柄時，是不會使人難堪的，不會使人受傷害，祂不會用手中的權能來達到個人自私的目的；這就是祂勝過撒但的試探的原因（太四 1 ~ 10）。馬太福音引述了先知以賽亞的預言，形容耶穌的彰顯有如光照耀在黑暗中一樣（14 ~ 16 節），帶來拯救、釋放、喜樂和歡欣。而耶穌也應許凡背負著重擔的人，到祂那裏去，祂就能賜他們安息。這就是耶穌的溫柔。

環保組織地球之友曾舉行一項頗為別出心裁的選舉，邀請全港網民選出「荒謬的燈」，有六百三十九名市民參加，結果銅鑼灣皇室堡外牆一列射燈以高票數（347 票）

當選為「最荒謬燈光」，第二位是中環遮打道 Prada 的招牌，第三位是彌敦道與佐敦道交界的謝瑞麟珠寶行的招牌。這個選舉頗為發人深省。為甚麼這些燈光是荒謬的？地球之友的負責人指出，這些燈光有三大共通點：浪費、擾民、無必要。皇室堡的燈光達一萬勒克斯，是沙田夜馬燈光亮度的三倍。此外，謝瑞麟的招牌高懸在十層樓的高度上，但其實那裏地面並沒有謝瑞麟的店。

在世界上，有些人所發的光輝，的確是耀眼奪目的，但這也帶來人的不安甚至恐懼，叫人感到厭煩，巴不得這光快點「熄滅」。耶穌所發出的光芒絕對不是這種荒謬的光輝。祂的出現，不會對周圍的人做成不安和威脅，因為祂是以憐憫的方式，行使手中權柄和權能，以致馬太福音引述另一段以賽亞書的經文（四十二 2～3），來形容他：「他不爭競，不喧嚷；街上也沒有人聽見他的聲音。壓傷的蘆葦，他不折斷；將殘的燈火，他不吹滅」（太十二 19～20 節），這樣形容耶穌的溫柔，不是很傳神嗎？在這看似不起眼，甚至內斂的表現之下，卻是無比的力量、權柄和威嚴。到耶穌騎著驢駒進入耶路撒冷時，這形象再次浮現（太二十一 5），以致作者再次引述舊約先知的預言來形容耶穌。這位先知所預言的，且是奉神的名而來的君王，並非威風凜凜、殺氣騰騰的大將軍；祂的面容、姿態和舉止一點也不高傲，而是卑微地騎著驢駒，踏著人鋪下的衣服而來。耶穌的一舉一動，為溫柔重新下了定義。在祂的溫柔中，有著至高無上的權能和權柄。

也許這是溫柔的人有福的另一個原因，就是在卑微、內斂、平凡的表現下，他們有超凡的力量，就如《魔戒》中佛羅多所穿的那件盔甲一樣。這並非一般人所認識的力量，而是基督十字架的能力，以致外面的衝擊或攻擊不論有多厲害，溫柔的人始終能站穩，因為基督耶穌就是他們的力量。

「溫柔」的例子

以下是一個有關溫柔的力量的故事。

當印度仍是英國殖民地的時候，英國政府於一八八二年頒佈法案，開始徵收鹽稅，製造和生產鹽的業務收歸國有，任何私自製造鹽的人都會受到懲罰。徵收鹽稅有兩大目的：增加稅收和鞏固統治者的政權。但對印度來說，鹽的意義重大，尤其是廣大的貧民，他們都是體力勞動者，在酷熱的天氣下工作，需要鹽來增強身體吸收水分的能力。另一方面，鹽其實本身是無價的，尤其對住在沿海一帶的人，鹽根本就是免費可得的。但英國殖民地政府卻要印度人出錢購買根本是免費的日用品。

當印度要爭取獨立的時候，鹽稅是個重要的焦點。在一九三〇年一月二十六日零時零分，印度國民議會（National Congress）在甘地和尼克魯

> （Jawaharlal Nehru）的帶領下發表了獨立宣言。宣言中明言印度人將會拒絕納稅。印度國民議會其後給甘地一個使命，要他組織一次非暴力的抗爭行動。甘地就選擇了以鹽稅為抗爭的目標，作為和平抗爭行動的第一炮。甘地採用的抗爭方法就是發動一次「長征」，號召支持者與他從他的家鄉步行到在海邊的一條鄉村。甘地和另外七十八名抗爭人士在一九三〇年三月十二日出發，沿途不斷有人加入，當他們到達目的地的時候，已經有五萬人加入行列中。在目的地，甘地在海邊拾起一把泥土，放在開水中煮，公然地非法地製造鹽，並且呼籲同胞們在任何地方，開始製造鹽。

甘地發動的這次「食鹽長征」步行抗爭行動，共花了二十三日，走了三百九十公里（即240英里）。在這段路上，甘地是一步一步走，沒有躲懶的，也沒有走捷徑。當時甘地已經是六十三歲，身體瘦弱，但他仍不顧自己的健康，一步一步地完成了整段行程。套用提摩太後書四章7節的話說，他「走完了當走的路」。雖然這次「食鹽長征」沒有產生明顯的政治效果，卻是被公認為印度獨立運動的起步點，因為這次行動被廣泛報導，使世界輿論注意英國的統治手法，以及甘地等人訴求的合理和合法性。

在二〇〇五年抗爭行動的七十五週年紀念，印度把這次舉世聞名的歷史事件，重演了一次。

這舉世聞名的「食鹽長征」是一個很好的例子，說明了原來手中無權無勢的人，其實也可以發揮巨大的力量，能夠扭轉乾坤。甘地沒有軍隊，沒有武器。他只是一個很瘦弱的六十三歲的長者，但他有的是道德力量，以及他自己身體力行的榜樣，所以從這位看來柔弱的長者身上，發放出無比的力量，使一個號稱「日不落的帝國」不得不屈服。

總結

甘地為他所領導的抗爭運動添上一個名稱 *Satyagrapha*。"*satya*"源自梵文，意思是真理，而"*grapha*"亦是梵文，意思是緊握或持守。根據甘地的解釋，*satyagrapha* 基本的意思就是堅守真理，可引伸為真理（的）力量。整套 *satyagrapha* 的理論核心在於真理，那麼實踐 *satyagrapha* 時就不能用武力，只能以理服人。實踐者需要有忍耐與同情心，而忍耐有時候是會帶來痛苦的。剛才所提及的「食鹽長征」是這理論的一個出色的例子。這套理論多少有點耶穌的教導的影子，因為影響甘地最深的，就是耶穌的登山寶訓。

與甘地不同，耶穌的門徒要得著的，並非今世的力量。他們的眼目集中在末世，神所應許的國度那裏，這就是信徒在一個標榜積極進取的社會中能溫柔、生存，而且還能作見證的原因，因為他們是從這應許中支取力量。信徒的目光、觀點和視野，塑造了他們的生活態度和方式。

最重要的就是，這世界的環境不能改變這事實——溫柔的人是有福的，因為他們必承受地土，最終這世界要歸溫柔的人所統治。這不是政治力量，而是救恩的彰顯。

禱告

溫柔的主，在這個充滿了各種形式的暴力的世界中，我如何才能得著溫柔？主啊，求祢的聖靈教導我，使我能柔和像祢。阿們。

思考問題

❶ 在你所認識的人中，你想到溫柔的例子嗎？
❷ 溫柔有何屬靈的意義和價值？
❸ 若要實踐溫柔，有何代價？

13
飢渴慕義的人有福了！

馬太福音五章 6 節

在香港，市民對浪費食物的問題開始有點醒覺，因為在全球，糧食問題已經成為一個重大的議題，其嚴重性不下於全球金融海嘯。在一九九六年，世界糧食首腦會議提出了一個減少飢餓的目標，就是到二〇一五年，全球飢餓人口應降至五億二千八百萬，而若要達到這目標，全球的飢餓人口應該每年減少三千一百萬。不過，二〇〇六年聯合國糧農組織發表了《2006 糧食不安全狀況》報告，指出全球的飢餓人口持續上升，並以平均每年增加四百萬人的速度迅速增長。到二〇〇八年十二月初，聯合國糧農組織估計全球的飢餓人口迫近十億。

在現實中，飢餓與貧窮是一對連體嬰，一不離二。人落在飢餓的狀況中，是因為貧窮，而人落在貧窮的狀況中，很多時候卻是由制度性的不公義所引致的。也許，飢餓的問題和威脅，有助我們對耶穌的宣告有新的了解和體會，也重新認識「飢渴慕義的人有福了！」是個何等勇敢、有力和有盼望的宣告。

「飢渴」的人

在耶穌的宣告中，祂把飢渴和公義相提並論起來，自有其重要性。我們先談「飢渴」這部分。

這一代生活在香港的人，包括筆者在內，都沒有真正嘗過飢餓的滋味。飢餓的滋味到底是怎樣的？有人把飢餓與死亡作這樣比較：「人最痛徹心肺的體驗，一種是死亡，一種是飢餓。如果再要細分，死亡畢竟是短暫的苦，恩怨榮辱一剎那俱歸於塵土，飢餓卻不同，那是在很長日子裏死不了卻又絕對生不如死的慢吞吞的折磨；對它，沒挨過餓的人永遠無法理解。」[1]

那麼在耶穌的時代，飢餓的情況又如何？我們雖然無法確實知道，在耶穌的時代一個人一餐所吃的食物有多少，但從一些蛛絲馬迹我們可得出一個梗概。在路加福音十一章，耶穌教導祂的門徒禱告，講了一個比喻（5－7節）。比喻中向鄰舍請求食物的人，所要求的份量是「三個餅」（5節），相信這是一餐最基本的份量。另一方面，我們都很熟悉五餅二魚的神蹟，在四卷福音書中均有記載。根據約翰福音六章8節，耶穌的門徒安德烈當時帶了一個孩童來，他有「五個大麥餅、兩條魚」。這一點點細節，是其他福音書都沒有記載的，從糧食份量和質量的角度來看，這是頗為有趣的。首先，這「五個大麥餅、兩條魚」可能是這個孩童的食物，所以可能份量不多，甚至這可能是他這天的所有食物。其次，這五個餅是大麥做的；一般人家吃的餅通常都是小麥做的，用大麥做餅的多是窮苦人家，因為大麥比較便宜。我們可以想像這個窮小孩，吃完了這些餅和魚後，一天裏再沒有別的食物，可能要到明天才有其他食物。但明天的飲食如何，也可能是未知之數。我們也可以想像這不只是一個小孩童的經驗，也是當時廣大民眾的處境。難怪耶穌在主禱文中教導門徒，為每日所需的飲食祈求是一項重要的功課。從這背景看，能夠白白吃得飽足，而且有餘，是何等的福氣和享受！

毫無疑問，耶穌的話是對著那些三餐不繼的人而講的。這點可以從路加福音六章 21 節看見：「你們飢餓的人有福了！因為你們將要飽足。」「飢餓」是指肉身的飢餓，而「飽足」也當然是肉身的飽足。

渴慕公義

不過，馬太福音的記載，把飢餓提升到公義這層面上去看，從而把耶穌的宣告所涵蓋或針對的層面範圍大大擴張了；人所飢渴的，不只關乎肉身的食物，更是公義。當人要面對三餐不繼的問題，耶穌卻把問題深化到公義的層次去，其中必定有其重要性。我們先來思想「慕義」這部分。

從字面上看，「飢渴慕義」有幾方面值得我們細細嘴嚼。首先，用「飢渴」來形容渴慕，可見這種渴慕並非一般的渴慕，反映了所渴慕的對象「公義」是何等重要。其次，這話把公義比喻為食物，因此可以用「飢渴」來形容渴慕。的確，公義如最基本的、日常的食物，並非可有可無的奢侈品，而是人的生存所不能缺少的。從現今的政治和經濟環境來看，我們甚至可以說，公義比食物重要。因為世上有很多飢民並非因無食物而飢餓，而是因為無公義。建立公義成了人獲取食物的先決條件。人權領袖、諾貝爾和平獎得主曼德拉（Nelson Mandela）曾說：「克服貧窮並非施捨的舉動，而是公義的行為，是對一項基本人權的保障。」這話可說是耶穌的宣告的一個現代演繹。再者，這宣告所針對的是一個缺乏公義的社會環境，而且這缺乏的情況十分嚴重，以致人對公義的訴求、期待和盼望之熱切程度，只能以飢渴來形容，既傳神，又直接，更能引起共鳴和認同。

「飢渴慕義」整句話刻劃出人心靈的狀況和發自其中的呼聲。這呼聲十分有力地讓我們知道，持守飢渴慕義的人並非只是無奈、被動和消極地忍受飢渴之苦，而是積極地尋求和祈求公義的來臨。我們可以肯定地說，這尋求的方向必然是向神，因為只有祂有能力使真正的公義降臨地上。所以這種飢渴是一種全然以神的國度為目標和基礎的渴求、祈求和等待，而基於這渴求和等待，慕義的人必然自己正在努力實踐天國的公義，以此來討神的喜悅。最後，飢渴慕義是天國子民的模樣。不用多說，飢渴慕義與靈裏貧窮、哀慟和溫柔這三種蒙福者或使人蒙福的因素，有著密切的關係。

不公義裏的飢渴慕義

飢渴慕義反映了人的基本狀況，就是活在不義中，被不義的環境、制度等所包圍。但因為如此，飢渴慕義也同時是人能脫離、勝過這不義的處境的起步點。所以，飢渴慕義除了是人面對的現狀的情況，同時是公義行為的推動力。

飢渴慕義的人雖然活在不義中，卻不會被不義所影響或同化，不會在這個染缸中被染成同一顏色，不會向現實低頭，不會隨波逐流，不會被世界塑造成同一個模樣。在這基礎上，他們是有福的，因為他們在不義的世界的衝擊下，仍然能站立得住。要知道他們如何能夠這樣做，我們就要知道「義」的涵意。從猶太背景來看，一方面義是指神自己，祂是一切義的源頭，而天國就是神和祂的義所掌管的領域。另一方面，義是指人按照神的吩咐所行的事，是合乎神旨意的行為，是以聖約的要求為基礎的；這就是舊約對「公義」的解釋。從信徒實踐的角度來說，神和祂的義就是標準，來量度我們所行的義，包括思想上的和行為上的。所以，神的義成了道德操守的動力。在這基礎上，飢渴慕義是屬靈的操練，因為當人要追求神和祂的義，要按照神的心意而活時，必須要時刻、持續地自我醒察，一言一語都符合神的義所定下的標準。在一個充滿了不義，以及行義的人得不到別人的認同或欣賞的環境中，我們可以想像其中的困難和挑戰。難怪耶穌形容這是一度窄門，是一條小路了（太七 13～14），因為其中確實是危機處處、困難重重、舉步為艱。飢渴慕義正好反映了這事的弔詭性：一方面這過程是困難的，但困難並沒有令耶穌的門徒對此的渴慕和追求減少。飢渴慕義的人，敢於向社會和它所高舉的價值說「不」。

在這大前提下，我們就能真正明白耶穌在馬太福音六章 33 節的說話：「你們要先求他的國和他的義，這些東西都要加給你們了。」相信這話最能貼切地解釋第四福的意義。這說話中的「求」和「飢渴慕義」正好有異曲同工，互相輝映的作用。耶穌說這話是教導門徒不要為明天憂慮，不要憂慮吃的和穿的（太六 31），所以說話裏出現了食物的圖象，推而廣之地引用，就包括了我們物質生活的各個環節。門徒無須為食物和衣服憂慮，這些是外邦人的所為，信徒應該先求神的國和祂的義。這樣的陳述是否有暗示，把神的國和祂的義化作食物的比喻？更進一步看，「求」假設了需要，也假設了渴慕，因為「求」所表示的是一種很密集和專注的行為，不是隨隨便便、若即若離、不冷不熱的，因為所求的是極為重要的。耶穌吩咐祂的門徒要把這種追求代替衣食，作為信徒生活中的第一優先，也就演繹了飢渴慕義的意義和價值。

其實，飢渴慕義不一定是信徒的專利，因為根本上每個人都需要公義，在公義不彰的時候也會盡力去爭取，所以飢渴慕義其實是普世價值，所不同的是耶穌把這價值放在天國這基礎上來討論。二〇〇九年，站在中國土地上，是敏感的一年，原因之一是這年是六·四二十週年。二〇〇九年一月三十日，《明報》曾以頭版報導一則新聞，標題是「『我們要回家』：流亡 20 年，思鄉情未斷」，內容關於朱耀明牧師及一些有心人發起了「我要回家運動」，為流亡海外人士爭取回家的權利。他們走訪各地，收集了超過四十名流亡人士的心聲，結集成書，希望喚起社會對六·四事件及民運人士的關注。

據支聯會估計，由一九八九至二〇〇九年的二十年裏，被迫流亡海外的約有五百多人。昔日二十多歲的小伙子，現在都已年近四十，仍在內地的父母亦已年邁。從報章所引述的流亡人士心聲，他們都不約而同地有同一的呼聲：回家。能回家，而且是無附帶條件的回家，對他們來說就是日夕所盼望的公義，或至少是人性的流露。接受訪問的人士當中，包括了王丹。他曾經於一九八九年中國政府在全國通緝的二十一名學生中排頭位，於一九九八年保外就醫，到了美國，二〇〇八年獲得哈佛大學歷史及東亞語言博士學位。他這樣說：「流亡已久不能回國，令人氣憤。連殺害過無數中共人士的國民黨主席，都能回去大陸探親。中共到底對我們有甚麼樣的仇恨，以至於至今二十年還不允許我們回國？」王丹愛中國，他的中國護照已過期，本想申請延期，但不受理。雖然如此，他也沒有申請美國的護照。他期待有一天可以回到祖國，「為中國的進步做貢獻」。對王丹而言，能自由地踏進祖國的土地，就是他如飢如渴地朝思暮想著的義。

飢渴慕義是人類的共同價值，並不分教內人或教外人。在這大前提下，耶穌在馬太福音五章20節所講的話，對我們來說就有格外的提醒和激勵：「我告訴你們，你們的義若不勝過文士和法利賽人的義，斷不能進天國。」在新約福音書中，法利賽人的形象雖然有很嚴重的問題，但耶穌毫不避忌以他們為信徒行義的標準。當然，筆者不是把教外人等同法利賽人，只是要以法利賽人作為一個隱喻，反映若教外人尚且對公義如飢如渴的話，自稱為天國子民的信徒又豈能落後於人？換句話說，耶穌要求我們的，是高於法利賽人（或教外人）的標準。

實踐飢渴慕義

我們心中可能會浮現這問題：在一個被罪惡和不義充滿和佔據的世界中，我們有何理由相信，一小撮耶穌的門徒如飢如渴地實踐和追求公義會帶來舉足輕重的影響，甚至改變？的確，站在人的角度，我們的努力即使能達到目的，但其果效是微不足道的，這樣，飢渴的仍然飢渴，義卻是遙不可及。眼見所愛慕的義離我們愈來愈遠，心中愛慕就會逐漸冷卻，最後成為一堆灰燼。所以，面對這極為真實的可能性，飢渴慕義最終是信心的表示，不過所表示的信心，並不是相信我們所行的義最終能戰勝不義，而是相信神的公義最終能勝過人的不義。我們不要忘記八福的神學基礎就是「天國近了！」的宣告，所宣告的現實就是第四福應許的「他們必得飽足」的源頭。能令飢渴慕義的人飽足的，是神自己的得勝。

我們或許仍記得居港權事件和人大釋法一事。在一九九九年一月二十九日，終審法院裁決港人在內地所生子女只要父或母獲得香港居留權，子女便享有同樣權利。後來特區政府不滿意這裁決，在五月十八日提請人大就此釋法，到六月二十六日人大推翻了終審法院的裁決。於是，特區政府就以法律的名義，製造出一批二等公民，以及一個又一個被迫分隔異地的家庭。

二○○九年一月二十九日，《明報》刊登了茂斯的一篇文章，題目是〈用等待贖回公義〉，內容講述意大利籍的神父甘浩望的經歷。他已經年屆六十，但卻在過去的十年風雨不改地為港人在內地所生的子女爭取居港權。他單獨一個人，如何爭取？他用的方法就是「瞓街」，而且一「瞓」就是十年。甘神父說他「要用身體、歲月和瞓街，把旁落的公義贖回」。其實甘浩望神父對「瞓街」一點也不陌生，因為他曾經有一年的時間，與在油麻地差館外面的露宿者一起生活，這就成了他的「裝備」。在這十年中，他經歷了不少風雨，也嘗盡了人情冷暖。在初時，還有一批同路人與他肩並肩。不過，其中有人禁不住建制派的滲透和統戰，離他而去，也有曾經是同路人的，在透過中聯辦取得子女居港權後，反過來監視他的一舉一動。不過，十年間的背叛和疏離並沒有叫甘神父因氣餒而放棄，他仍要堅持，他仍要躺下去，他說：「一直躺到一國一制那天，再也沒有一個國家劃分兩個階級那天。」

這個外籍神父本來可以完全置身事外，但他卻選擇在立法會後門搭起帳幕，無條件、貫徹始終地實行「瞓街」抗議，為一羣與他素未謀面、也不認識他的港人子女，爭取居港權。這十年間，經歷過同儕的背叛，最後只剩他一個仍然堅持著，甘神父心中有一種飢渴，是只有公義才可以滿足的。只有到那日，他才不再「飢渴」。

我想，甘神父必定是全心全意、真心真意地相信耶穌的宣告：「飢渴慕義的人有福了！因為他們必得飽足。」但我們相信這句話嗎？

總結

「飢渴慕義的人有福了！」在這個社會和經濟的氛圍下聆聽耶穌的宣告，顯得有特殊的意義和迫切性。在這一刻，我們內心可能記掛著一些切身的問題，如就業，如溫飽，至於公義，我們或許會覺得暫時無多餘時間或精力去關注。但每天收到的資訊使我們不得不重新思想公義與溫飽，甚至與就業之間的關係，可能比我們想像中密切。例如電訊盈科私有化的過程中，有很多地方令人覺得在道德上，甚至即使在道義上是十分模糊含混的。為甚麼一家在帳面上不斷虧蝕、股價不斷下跌的上市公司，私有化後大股東可以不費一分一毫就有以億計的收益，但很多小股東就可能連最初投資的本錢也保不住？過程中發生了甚麼事？難道這就是自由經濟嗎？有名人會讚電訊盈科的老闆之一李澤楷「叻」，但他的「叻」在道德上能得多少分？

耶穌的話，今天聽來極有時代感，不論古今，溫飽與公義就是分不開的，所以我們要飢渴慕義，這是普世價值，也必然是我們信徒之間的共同價值。讓我們彼此勉勵，互相提醒，異口同聲地宣告我們深信不移，在眾人內心飢渴地等待和愛慕的，是不會落空的，因為神最終必然得勝，那時我們的飢渴和愛慕就必得飽足。

禱告

公義的主，願祢的眼目垂察世人，當這世界充滿各樣不義之事的時候，願祢的公義早日降臨，將被欺壓的人釋放。主啊，求祢賜我飢渴慕義的心，也能按著祢的公義生活，因為祢曾應許，為義飢渴的人，必得飽足。阿們。

思考問題

❶ 我們的教會對公義飢渴嗎？為甚麼？

❷ 為何教會要追求公義？

❸ 若要按公義而行，你的生活將需要作何調校？

14

憐恤人的人有福了！

馬太福音五章7節

筆者曾透過電郵知道一個故事，是關於紐約公立小學的：

> 紐約冬天時有大風雪，遇到大風雪時，公司企業就會停工，學校也宣佈停課，但令人百思不得其解的就是公立小學不論風雪有多大，積雪有多厚，卻仍然開放。只見黃色的校車艱難地在路邊接小孩子，老師則一大早就噴著白煙，鏟開車子前後的積雪。
>
> 據統計，十年來紐約的公立小學只因為超級暴風雪而停過七次課，這是多麼令人不解的事。在大人都無須上班的時候，一定讓孩子去學校嗎？小學的老師也太倒楣了吧？於是每逢大雪而

> 小學不停課時，都有家長打電話去怪責他們。奇妙的是，每個打電話的人反應全都一樣——怒氣沖沖地責問，再滿口道歉、笑容滿面地掛上電話。
>
> 原因是學校告訴家長，紐約充滿著百萬富豪，但也有不少赤貧家庭，後者白天沒能力開暖氣，沒能力供給午膳，孩子的營養全靠學校的免費午餐（甚至多拿些回家當晚餐）。學校停一天課，窮孩子就受一天凍、挨一天餓，所以老師寧願自己吃苦，也不願意停課。
>
> 有家長問為何不讓富裕的孩子留在家裏，貧窮孩子去學校享受暖氣和午餐。學校的答覆是他們不願讓那些窮苦的孩子感到他們正接受救濟。因為行善的最高原則是保持受助者的尊嚴。

金融海嘯的巨浪接二連三地衝擊香港，我們有必要重新認識、發現和體會憐恤的意義和威力。在這個重視和諧共融的社會生態中，憐恤加倍的重要。但甚麼是憐恤呢？

認識憐恤

憐恤或憐憫這觀念並不難理解，簡而言之，憐恤是向那些無助者、軟弱者所做的、發自愛心的行為。箴言十四章21節教導：「藐視鄰舍的，這人有罪；憐憫貧窮的，這人有福。」這話很清楚地把「貧窮的」作為「憐憫」的對象。

我們知道，「貧窮的」當然是指經濟上貧窮的人，但隨著貧窮而來的，還有很多後遺症，包括到處被人欺侮、得不到重視、無力維護自己的權益、被邊緣化等。所以，憐憫或憐恤的對象就是一切落難者。另一方面，經文把「藐視」作為「憐恤」的相反詞，加深了這話的意義；對有需要的人（鄰舍）加以藐視的，就是那些在善行上吝嗇的人。面對需要幫助的人，但藐視他們的，肯定是心硬如鐵的。

箴言的這句話中，給翻譯為「憐憫」的詞，在路得記也有出現。在路得記二章，路得回到伯利恆後，因為已經是三、四月開始收割大麥的季節，所以路得就去到田間去拾取麥穗。在毫不知情的情況下，她來到了波阿斯的田裏，又碰巧波阿斯剛剛從城裏來到，要視察收割的情況。路得是摩押人，是一個外邦人，來到了伯利恆這異鄉，要照顧年老的婆婆，只能靠人的施捨賙濟。但誰會這樣行？一個窮苦人家的寡婦，最容易受欺侮和刁難，又有誰來保護她，為她解圍？答案就是波阿斯。波阿斯是一個「大財主」（得二1），他的產業很多，所以在收割時需要雇用一批臨時工人。這個大財主不但沒有驅趕路得，反而向路得開放他自己田地的收割，路得可以隨意在其中拾取麥穗，不只是遺落的，甚至是那些被割下，堆成一堆。那些準備打捆的麥穗，按理是不能碰的，她都可以從其中拾取，甚至為了顧全她的自尊，波阿斯更吩咐他的工人要從這些捆好的禾捆中，抽出些麥穗，放在地上，讓路得來拾取。這一切舉動，在路得這受惠者的心中，留下了極深的印象。

路得用這話來表達她心中的感動：「我既是外邦人，怎麼蒙你的恩，這樣顧恤我呢？」（二 10）路得自覺蒙恩，「恩」與「憐憫（或恤）」在原文是同一個詞，所以在路得眼中，波阿斯所行的一切，都是憐恤的行動，而這些行動的對象就是一個外邦人，或更準確地翻譯為「一個外人」，即異類。後者的翻譯可能更能使我們共鳴，因為即使在現實社會，甚至在教會一家之中，依然有人被視為外人，非我族類，與我們不一樣。

從這些例子，我們了解到憐恤就是帶有憐憫的行動。

憐恤源於此

耶穌宣告說：「憐恤人的人有福了，因為他們必蒙憐恤」，為甚麼？原因很簡單，因為天父本身就是滿有憐憫的。

舊約中有一個頗為極端的例子。在約拿書，當先知約拿經過一番折騰後，終於到達亞述帝國第一大都會尼尼微城。他入到城中，站在人羣當中，宣告說：「再等四十日，尼尼微必傾覆了！」（三 4）當這滅亡的信息傳到尼尼微的王耳中時，他立刻宣告全國進入緊急狀態，全城中的居民，不論是人還是牲畜，不論身分高低，都要停下手中的工作，進行禁食、懺悔、認罪、悔改，離開惡行，並且「要切切求告神」（8 節），「或者神轉意後悔，不發烈怒，使我們不致滅亡，也未可知」（9 節）。

這裏有些假設性的字眼「或者」、「也未可知」，反映出尼尼微城的人只有一絲希望，就是神「轉意後悔，不發烈怒」。他們的盼望有何根據？就是因為神是有憐憫的。舊約的學者都注意到在全本舊約中，只有另外一處經文是與這段經文相類似的，就是約珥書二章 14 節。在那裏，先知也在呼召人要悔改（珥二 13），「或者」神看見他們悔改的真誠和迫切，動了慈心，就拯救他們。先知的希望亦是以神的本性為基礎：「因為他有恩典，有憐憫，不輕易發怒，有豐盛的慈愛，並且後悔不降所說的災。」（珥二 13）這段經文本身是以出埃及記三十四章 6 節為基礎的：「耶和華，耶和華，是有憐憫有恩典的神，不輕易發怒，並有豐盛的慈愛和誠實。」

從出埃及記三十二至三十三章的記載中，我們知道經文所講的憐憫和恩典，具體而言就是赦免，是完全的、白白的、徹底的、無條件的赦免。值得我們注意的就是，這赦免的能力和權柄，並願意赦免的心，就是經文所講神彰顯在摩西眼前的「榮耀」（三十三 18），因為當神回應摩西的話，祂說：「我要恩待誰就恩待誰，要憐憫誰就憐憫誰。」（19 節）神的憐憫就是赦免。

回到約拿書的例子，尼尼微城的人惡迹昭彰，手上滿了鮮血，但當他們自覺末日將臨的時候，仍膽敢轉向耶和華祈求祂「轉意後悔」。若我們把自己代入約拿的處境，我們也會有衝動說：「豈有此理！」行不義的人受懲罰是天公地道的。不過，令約拿和我們震驚的是，神竟然把尼尼微城的人的罪一筆勾消，包括她曾經凌辱以色列神的選民的罪！這些不敬畏神的外邦人，竟然也是神要憐憫、愛惜的對象（四 11）。「愛惜」是一個情感豐富的詞，包含了憐愛、可憐、憐憫等含義。神為這羣無惡不作的外邦人，心中滿了憐愛，這就是神的憐憫或憐恤。而且神的憐憫廣大無邊，容得下那些曾經褻瀆自己，藐視自己的敵人，特別打發先知去警告他們，給他們悔改得救的機會。

憐恤的根源是愛，而當它表現和流露出來的時候，效果之一就是寬恕和赦免。

憐恤與公義

在馬太福音的編排中，「憐恤人的必蒙憐恤」是接續「飢渴慕義者必得飽足」的，這兩者有何關係？驟眼看來，憐恤和公義是對立的，因為我們覺得持守憐恤就等如減少了追求公義的力度，甚至可能因此而縱容了罪惡和不義。這樣，憐恤的目的不但沒有達到，反而助長了罪惡的蔓延和滋生，憐恤就生出不義。不過，當我們要下這結論時，請先停下來想一想，我們心目中的公義是甚麼？可能說穿了，很多時候我們所談論的公義、所追求的公義，有時候只不過是報復的藉口，是修飾和美化了的報復心理，因為我們大部分人都認為公義就是以牙還牙，以眼還眼。

首先，從消極方面來看，將以牙還牙，以眼還眼等如報復或報仇的理據是錯誤的理解，因為人所行的永遠不會是以牙還牙這麼簡單。當人真的要以牙還牙時，人按本身的自然傾向，所做的必定會超過本身所受的，而不是對等或相若。因為若非如此，我們就不會覺得公義得著彰顯，也不會大快人心。其次，耶穌所說的憐恤和公義並非互相排斥的，耶穌所教導的憐恤與對公義的追求，是可以同時並存的。因為兩者的接合點是愛。愛是最大的憐恤，愛也是最大的公義。這就是耶穌在登山寶訓論報復（太五 38～42）和論愛仇敵（太五 43～48）的教導的出發點。基於愛，我們可以讓人打完右臉後再打左臉，可以讓人裏衣和外衣都拿去，可以不推辭任何一個向我們借貸的人，包括宿敵在內。耶穌所說的愛是甚麼？祂所說的愛簡單得令人難以置信。祂說：「所以，無論何事，你們願意人怎樣待你們，你們也要怎樣待人。」（七 12）這話也成了憐恤這觀念的最好說明。憐恤和公義是可以並存的。

聖經中有一個活生生的例子，就是耶穌的父親約瑟。馬太福音形容約瑟「是個義人」（一 19）。甚麼是義人？所謂義人就是一個追求公義、持守公義的人，在凡事上都會按著神的律法而行。我們可以想像當他知道了馬利亞懷了身孕時的反應嗎？這消息簡直是晴天霹靂。一個一生都遵守律法的人，怎能接受這事？到底馬利亞是個怎樣的女子？這是何等大的一個騙局？作為一個遵行公義的人，絕對不能容許這事。本來，要解決這樣的事非常簡單，因為他大可以強忍心頭的傷痛，以犯姦淫為理由，把馬利亞休了。不過，約瑟沒有這樣行，而是想「暗暗地把她休了」（19 節），因為經文說他「不願明明地羞辱」馬利亞。面對這個有著明顯犯姦淫證據的女人，他還要顧全她的顏面和尊嚴，不想她難堪！不論這事是何等的難以置信，但約瑟的行為很清楚地告訴我們，除了持守公義，約瑟還是個有憐憫心腸的人，他的憐恤叫他吃虧，甚至蒙受可能無法彌補的損失。

雖然實踐憐恤叫他吃虧，但約瑟仍然行了，從而顯出他是個既重公義，又不會因公義而犧牲憐憫的人。這樣的一個人，配得成為耶穌的父親。

耶穌教導的憐恤

在耶穌的教導中，行憐恤的人本身必蒙憐恤。這裏有一點是很重要的，是我們不能忽略的，就是實踐憐恤者本身也需要得著憐恤，而且這裏所提的憐恤並不是出於人的，而是出於神的。這話指出人的本質和屬靈的光景，就是不論一個人本身的為人如何正直，都一樣需要神的憐恤，就是神的赦免。

就如八福中其他的宣告一樣，「必蒙憐恤」的宣告也把人的目光導向末世，特別是當神帶著國度和權柄來臨時，對人作最後的審查的時候。那時，我們每個人都要站在神的審判台前，我們都要受神的審判，到時若不是神有憐恤，我們都不能站立得住。所以，「必蒙憐恤」這應許反映了我們自己本身的可憐、無能和無助，反映了我們絕對是靠恩典而活的。

我們所得的憐恤，是與我們在世上所行的憐恤掛鉤；這是把憐恤的行為提升到永恒的層面上，把憐恤的行為的重要，從人的個性、品格、甚至道德良知警覺的程度，完全分別開來，成為我們每日都要遵行的一道命令。因為若我們在世上不實踐憐恤，到站在審判台前時，我們就無資格祈求或期望神以憐恤待我們。這不是說我們用對人的憐恤來換取神對我們的憐恤，這是不可能。試問人實踐的憐恤算得甚麼？不論在人的眼中看來，我們所行的有多偉大，都無法換取神的憐恤。所以，最終神的憐恤是絕對的恩典，就如祂無條件地赦免了尼尼微城的人的罪一樣。

這解釋讓我們聯想起耶穌教導我們的禱告中，我們很熟悉的一句：「免我們的債，如同我們免了人的債。」（太六 12）我們能夠免人的債，聽來似乎很偉大，但事實上我們本身也需要神免去我們的債，因為我們根本就無力償還。我們能憐恤人，不過我們本身也需要蒙憐恤，因為我們與身邊周圍的人一樣，都是那麼軟弱、可憐。可能這就是先知約拿要學習的功課，以色列民本來就是因為神格外地憐憫他們，才得以存在於流奶與蜜之地，既是如此，他又怎能剝奪其他人蒙憐恤的機會！可惜的是，我們已經成了現代版的約拿而不自知！

約拿的例子讓我們知道實踐憐恤是很困難的，因為憐恤不是同情。我們或多或少都有同情心，會同情別人的不幸，大部分人都會這樣。但憐恤不是同情，因為需要憐恤的對象，就如尼尼微城的人一樣，很多時候根本不值得同情。憐恤的對象不單是那些比我們軟弱或更不幸的人，更包括了我們的宿敵、那些得罪我們、處處為難我們，或出言中傷我們的人。在天國的管治下，憐恤並非一個供人選擇的項目。

耶穌宣告「憐恤人的人有福了」的時候，也同時向我們發出了命令——我們這些本來就只能靠神的憐恤而活的人，必須按我們所領受的實踐憐恤。只有這樣行的人才有資格在末世大審判時，期望和祈求神「或者」會以憐恤待他。

成為憐恤人的人

在二○○八年十一月底十二月初，泰國的局勢十分動盪，機場因為被反對黨的支持者圍堵而關閉了。當時有一對港人夫婦，因為知道布吉的機場如常運作，於是便連夜與另外幾個人從曼谷趕往布吉，希望能搭飛機回港，可惜在途中遇到車禍，丈夫死了，妻子受了輕傷。

當各界人士，包括滯留曼谷的港人，不斷批評政府的處理的時候，遇害人易學榮的遺孀馮敏慧發表聲明，強調今次是意外，沒有人需要負責。即使是意外中的司機，她亦稱讚他是個很好的司機。她的説話完全沒有怪責的意思。回港後，她又特別向當時成為眾矢之的的李少光致謝。

易太的聲明與當時一片討伐有關當局的聲音形成了極為鮮明的對比。她本身是受害人，比當時任何一個滯留的人所遭遇的損失更大，但她沒有責怪任何人，只是欣賞他們，感激他們。當時批評者的眼中，官員要負責，應該引咎辭職。但易太不是這樣看，而是以一個憐恤人的眼光來看周圍的世界。她雖經歷了旁人無法明白的哀傷，卻仍能看見無盡的愛心、關懷。她形容那些曾經幫助她的人是一雙又一雙的「天使之手」，這一切都抹去了她「心中一點的眼淚」。

這個姊妹是認識憐恤的人，因為她即使在傷痛中，仍是祝福而不是咒詛。相信她在天國裏的賞賜是大的。

能夠與人和睦相交是我們的期望，我們都追求、渴望經驗和睦相交中的甜蜜。但倘若沒有憐恤這元素，怎麼可以做到呢？讓我們都渴慕得著憐恤這種屬靈素質，學習對人「只要祝福，不可咒詛」(羅十二 14)，並且緊記耶穌的金科玉律：「所以，無論何事，你們願意人怎樣待你們，你們就要怎樣待人。」(太七 12) 能這樣做到，就是憐恤了。

禱告

心裏本是柔和謙卑的主，願意世人都能效法祢的樣式，放下自我，跟隨祢的腳蹤。主啊，教導我認識自己，求祢的聖靈提醒我，讓我知道自己是何等需要得蒙憐恤，好叫我也懂得憐恤別人。阿們。

思考問題

❶ 你認識願意憐恤別人的人嗎？他們的行為如何啟發你去實踐憐恤？

❷ 為何這世界需要願意去實踐憐恤的人？

❸ 為何耶穌說憐恤人的人必蒙憐恤？

15
清心的人有福了！

馬太福音五章 8 節

春秋時候，楚國有個擅長射箭的人叫養叔，他能在百步之外射中楊柳樹的柳枝，百發百中。楚王十分羡慕養叔的本領，就請了他來教自己射箭，於是養叔就把一切射箭的技術都傳授給楚王。

楚王興致勃勃地練習了好一陣子，漸漸得心應手，就邀請養叔跟他一起到野外去打獵。打獵開始了，楚王叫人把躲在蘆葦叢裏的野鴨子趕出來，野鴨子便紛紛飛出，楚王立時拉弓搭箭，正要把野鴨子射下來時，忽然從他的左邊跳出一隻山羊。楚王心想，一箭射死山羊，可比射中一隻野鴨子划算得多，於是楚王就把箭瞄準山羊，準備獵殺牠。正當此時，在他的右邊突然跳出一隻梅花鹿。楚王又想，若是射中罕見的梅花鹿，價值比山羊又不知高

> 出多少。於是楚王又把箭頭瞄準梅花鹿。忽然，他的侍從中突然傳出呼叫聲，原來有一隻天鵝低飛，掠過了楚王的旗幟，兩個翅膀好像低垂的雲彩。楚王看見後，又覺得射殺梅花鹿不及射殺天鵝好。於是立刻把箭頭對準天鵝，但當他正要瞄準時，天鵝卻已經飛走了。楚王只好回頭來射梅花鹿，但梅花鹿已經逃走了。到他要回頭去找山羊時，山羊早也已經溜走了，連那一羣野鴨子也已飛走了，無影無蹤。
>
> 這時候，養叔對楚王說：「如果在百步以外，放一片樹葉的話，我必射中無疑，但倘若放了十片樹葉，我就沒有把握能射中一片了。」意思就是說若楚王立定心意，認準目標，就必能得心應手。
>
> 楚王有超卓的射藝，卻敗在缺少一顆清心。[1]

耶穌對坐在祂腳前的人宣告說：「清心的人有福了！因為他們必得見神。」（太五 8）作為耶穌的門徒，所需要的是一顆清心。這宣告，對任何一個世代的信徒來說，都是適切的教導和提醒。

認識清心

何謂清心？在解釋這問題時，學者很喜歡引用詩篇二十四篇 3 至 6 節的話，因為這段經文扼要而清楚地總結了清心的含意。相信耶穌的宣告，是以這詩篇為基礎的。

詩篇二十四篇3至6節，普遍被形容是個「進殿儀式」，相信是反映了舊約時代聖殿崇拜中的一些儀節，以問答或啟應方式進行。在3節，我們看到先有發問者，可能是一名祭司，然後有回應（4節）的，宣告能夠「登耶和華的山」、「站在祂的聖所」的人應該具備的資格，並宣告具備這樣條件的人就是蒙福的（5～6節）。

在舊約，有另一個觀念與清心很接近的，就是潔淨。毫無疑問，舊約裏很著重潔淨這觀念；舊約的律法中，充滿了這方面的教導，讓我們知道潔淨的範疇其實包括了生活的每一環節。所謂潔淨，是一個禮儀的觀念，基本的意思就是當某人落在某些生活處境或狀況時（利十一～十六章），這人就是不潔的。他不能參與在聖殿的崇拜中，必須要等待這段不潔期完結後，獻上指定的祭品，藉此在眾人面前表明其不潔的狀態已經完結了，才可再次進入聖所敬拜、親近神。

這解釋可能給我們一個印象，就是舊約時代的敬拜很著重外在的禮儀。但從詩篇二十四篇的宣告，可見這是個錯覺，因為詩篇的重點不在外在的禮儀，而是在敬拜者的內心。清心就是潔淨的心、沒有污點的心。清心一方面指思想和心思意念的純潔，更深入的意思，是指支配我們行為的動機是純正的和無雜質的。這點可以從「手潔」這短句中體會到。手是指道德的力量，指人的為人和生活的態度與方式。所以，「手潔」就是不曾被犯罪行為玷污的手，沒有罪的污迹。一般來說，人的手與心應該是相連的，因為手把「心」所想的意念付諸實行。實際上，單有「手潔」是不夠的，因為有時候人的手雖然沒有被罪惡玷污，並不是因為他勇敢地抵擋罪惡、驅除犯罪的心，而是因為他沒有膽量作惡。另一方面，一雙潔淨的手可能是源於一個人天生善良的本性，與神沒有必然的關係。所以，單有「手潔」是不足夠的，必須還有一顆清心。

更進一步來說，手潔心清除了指心思和行為的清潔外，更重要的是指人對神的渴慕，因為詩篇二十四篇 6 節很清楚地說「手潔心清」的人就是「尋求耶和華的族類，是尋求你面的雅各」(6 節)。這裏兩次出現動詞「尋求」，在這段經文中同樣帶有敬拜的含義，所以意思就是人在敬拜的禮儀中，如獻祭、禱告、用清水自潔等，去尋求神。但不論何種形式的尋求，都是帶有意識的，是刻意的舉動。而且尋求有明顯的導向性，是有明確的目標的。這尋求、追求的心志，就是清心最重要的根源。所以手潔心清所指的，最終而言是一個人與神的關係，及他願意以這關係為目標，去調校自己的生活和行為。

總括而言，清心是指人對神的態度和關係，是屬靈的操練，其中包括了兩大方面：對神的專一和對神的順服。但最終而言，清心是一個人對神的愛的深度。

清心與專一

清心是指人對神的**專一**，而持守專一的大前提，就是認識在世上再沒有別的事物，比神和祂的國度更真實、可靠、永恆，所以人理所當然地要以祂為信靠和敬畏的單一對象。按這樣的理解，清心與虛心（靈裏的貧窮）在意義上是很接近的。清心表達出人對神的持守，清心是人在被物質捆綁的世界中為神所作的見證。

學習專一，這是現代人的最大考驗。近年有市場調查公司曾經進行一項調查，研究亞太區青少年的消費及生活模式，在十一個地區內共訪問了一萬二千名八至二十四歲的青少年。這些地區包括香港、新加坡、中國大陸、韓國、台灣、馬來西亞、泰國、印尼、菲律賓、澳洲及印度。調查發現亞洲青年人普遍「一心多用」，在同一時間利用多項媒體接收資訊，並進行各類活動，一日二十四小時平均可以進行共三十八小時的活動，但仍能保持八小時睡眠時間。香港的青年人每日實際上活動的時間更長達四十三小時！

香港的青年人每天都是如此「充實」，理應活得很開心愉快才對，但事實卻非如此。調查發現在亞太區內，香港的青年人擁有的個人消費產品數量，包括手機、數碼相機、手提電子遊戲機等方面，均高踞亞洲各地之首位，所享受的物質生活，是區內之冠。但當被問到「你現在生活開心嗎？」時，香港有百分之十一青少年人認為自己不快樂，在亞洲其餘十個地方的快樂指數排名榜中佔倒數第二（榜末是台灣）。撰寫報導的編輯這樣說：「豐富的物質世界，令一眾青少年變得像扯線布偶。」[2]

今天的青年人，就是明天的成年人，若我們不懂得培養他們有專一的態度，恐怕將來要付出很大的代價。要清心，就必須專一，因這種專一是基於選擇，所以帶有**忠誠**的意思。十誡就是一個很好例子。這系列的誡命是以選擇**專**一和**忠誠**為出發點的：「除了我以外，你不可有別的神。」(出二十 3) 這條誡命的表達方式帶有婚姻關係的含義，「你不可有別的神」所暗示的，就是你不可歸向別的神，「歸」是婚姻關係的暗示。就如在婚姻關係中，只能容許一個忠誠和愛的對象，人對神也是這樣。

專一之難，難在有太多選擇，若要培養一顆清心，必須願意放棄某些選擇。要培養一顆清心，最理想的途徑就是從每主日的崇拜開始。當我們踏入禮堂，就要坐下、安靜、收拾我們的心，把手機關掉，讓我們能在這一個多小時內與世界隔絕。又要從心裏放下、擱下崇拜後的約會或世務，避免這些事在你的腦海中穿插進出；最理想的做法，是應事先安排妥當，避免在敬拜時分心。倘若因世事、家事而心情沉重的，更要把這些重擔放下在耶穌腳前，因為這是祂對我們的應許和吩咐。最重要的是，把心思意念集中在耶穌基督那裏，因為祂是我們置身教會裏的惟一原因。若在這約一個小時時間中，你能清心的話，接著就可以把這清心的操練，逐漸擴展至生活的各層面去。

清心，從學習面對神開始。

清心與順服

在一個被罪的權勢所轄制的世界中，要能清心，實在是困難重重的。因為人的罪時常攔阻人以清心對神。在這環境中，清心的人是**順服**神的人，而這順服必須源自我們對神忠貞的愛和渴慕。

詩篇五十一篇有一句名言：「神啊，求你為我造清潔的心，使我裏面重新有正直的靈」（10節），很能夠把這種渴慕表達出來。在這首認罪的詩歌中，詩人不單向神認罪，也不只承認自己的罪性，他更渴望得著拯救和更新，所以他祈求神為他「造清潔的心」。要領略這話的意思，我們就要知道「心」在聖經中的意思：心是人的慾望、思想和感覺的中樞，管理著人內裏的意念和動機，所以是十分重要的。在這基礎上，尤其在一個認罪的處境中，渴望得著一顆清潔的心，其實是表示對神的**順服**，因為清潔的心是再沒有犯罪、違背神的意圖。

我們要小心地領會詩人的說話。在向神認罪時，詩人提到了他犯罪的事實，所以他求神三件事：「塗抹我的**過犯**」（詩五十一1）、「將我的**罪孽**洗除淨盡」、「潔除我的**罪**」（2節）。這裏有三個與罪有關的字詞，它們之間的共通之處，是指行為上的違抗、悖逆。所以，犯罪並非無心之失，而是有意的明知故犯，是帶著意識的行為，是人的自主的意圖和驕傲的呈現。在這背景下，一顆清潔的心就是不再反抗、不再悖逆、不再驕傲的心，是柔順的、順服的、謙卑的。詩人求神除掉他犯罪的本性，把順服的性情、一顆清潔的心放在他裏面。從詩人的祈禱，我們體會到他對清潔的心的渴望。因為他實在願意過順服神的生活，不再犯罪。清潔的心並非靠人的努力可以得到，而是靠神的作為，也只有神能作這事，所以，詩人用了「(創)造」這動詞。總括而言，清心是一顆願意向神降服的心。

但甚麼是順服？在實際生活中，順服可能是被迫的，是藉著政治上或其他打壓方法製造出來的效果，正如在國內所推行的「和諧社會」政治方針，多少是藉著各樣的限制所營造出來的表面現象，在這現象的下面，蘊藏著很多的不滿和張力。這不是真正的順服，真正的順服只能發自內心。所以詩篇五十一篇的作者這樣向神禱告：「求你使我仍得救恩之樂，賜我**樂意的靈**扶持我。」(12 節)樂意的靈就是**順服的靈**，是樂意行走在神的旨意中，不再反叛、悖逆的。要得著順服之靈，詩人求神為他造一顆**清潔的心**。所以，清心與順服是一致。

清心，從學習順服開始。

取代自我

專一與順服是相連的，因為人沒可能同時順服多個主人(雖然現實中人常常是這樣)。這信息也在登山寶訓中反映出來，例如行善(太六 1～4)，這屬靈操練的重點項目之一。清心的人是不會為得著人的稱讚而行善，只會是為了神而行。例如禱告(5～8 節)，清心的人不會為得著人的稱讚而禱告的，因為他的禱告只有一個對象，就是神。在這大前提下，整篇主禱文(9～13 節)可以被視為是一個清心者的禱告。禁食(16～18 節)的道理也相同，當清心的人作這屬靈操練時，目標只有一個，就是對神的專注有更高、更聚焦的提升。所以，與其說禁食是種抑制，倒不如說是一種轉移：讓個人的專注，從個人的需要上完全轉移集中在神的美善之上。基於同樣道理，耶穌教導祂的門徒不要為自己積攢財寶在地上（19～21節），不要同時事奉神，又事奉瑪門（24節）。重要的就是不要被世界上的事令你四分五裂，要一心一意地追求神的國及祂的義（33節）。

在這些例子中，我們看見，最能叫我們的心混濁不清的就是自我。而在世上所有事物中，最能使我們對神反叛的，最能使我們不能專一地對神的，也是自我。所以，在這角度來看，清心的人是一個用對神的愛、專一和順服來取代自我的人。教會改革領袖馬丁·路德（Martin Luther）曾這樣說：「清心的意思就是各人在自己的崗位上時刻思想神的說話，以神的心思意念代替自己的心思意念。」難怪能這樣做的人，必能見神了。世上想看見神的人相信為數不少，但這些人都只不過以神當作奇觀來觀賞，目的是要滿足自己的好奇，這些人是不會接受基督作為生命的主宰的。但清心的人，就是一個能捨世界而愛神的人，神是他心目惟一所渴慕的。

這人，心清如水。

操練清心

報章上曾經報導一則新聞，提到一個對我來說頗為新鮮的詞語「儲物癖」。這癖好最顯著的病徵就是在家中囤積垃圾。精神病醫生指出，導致儲物癖形成的原因還未有定論，但有很多精神病都會導致儲物癖的行為，包括精神分裂、老人癡呆症及抑鬱症等。《明報》二〇〇六年四月二十九日有一則報導，標題是「捨不得寶物，垃圾屋主趕清潔工」，內容關於將軍澳寶琳邨的一個公屋單位冒出濃煙，因為有食物給燒焦。消防破門拯救戶主時，始揭發屋內囤積了近十年的垃圾，屋內的窗戶全被一袋袋由地板堆至屋頂的垃圾阻擋著，完全透不進一絲光線，漆黑一片。政府有關部門於是展開清潔工作，一個小時後，清潔人員共搬出三十袋垃圾，屋內地板終於露出丁方四個格階磚的空間來。但所清理出來的垃圾只佔全部的一小部分。最後，這屋主仍然堅持保留屋內的垃圾，把清潔工人趕走。看來，他很甘心樂意地住在垃圾堆中。

在屬靈上，我們也會落在儲物癖的境地中。當我們抓不住生命的意義、目標和方向時，我們就會抓緊很多其他的東西，藉此尋找安全感和滿足感，藉些得著一點點對個人存在的肯定。對現代漫無目的、心靈混濁的一代，耶穌的教導是重要而適切的——清心，要知道生命中只有一樣是不可以缺少的，就是神及祂的國度。當我們弄清楚生活的目標和方向，又能夠放下世界各樣的纏累時，我們才能進入清心的境界。這顆清心，是我們能見到神的條件。

「清心的人有福了！因為他們必得見神。」讓我們一起來操練清心的功課。

禱告

主啊，教導我學習清心的功課，免得我被世俗牽引，離開祢的真道，又被世俗的福樂蒙蔽，看不見祢的美善。主啊，我何等渴慕祢！阿們。

思考問題

❶ 在今天的社會中，要維持清心有何困難？為甚麼？

❷ 在屬靈操練上，清心有何重要？

❸ 為何清心的人必得見神？

16
使人和睦的人有福了！

馬太福音五章 9 節

美國總統奧巴馬（Barack Obama）曾在埃及開羅大學（Cairo University）發表一篇演說，引起了廣泛的注意。前總統布殊的政策引起美國與穆斯林世界間的關係十分緊張，這政治關係的對立和激化的副作用，就是（西方）基督教文化與穆斯林文化間的對立、猜疑、甚至仇視。在這個背景下，奧巴馬在開始他的演說時就表明來意：他此行是尋求美國與穆斯林世界的關係的一個新起步點，基礎就是相互的利益和彼此尊重，並且雙方都要承認美國與穆斯林世界並非互相排斥，也無須彼此競爭，因為兩者間有很多共同點。

時事評論員都認為，奧巴馬是以尋求和平者的姿態來發表這篇演說，用行動表示美國願意與穆斯林世界修補關係的善意。在要結束演說時，奧巴馬重申要尋找新的起步點的重要，他引述了《可蘭經》的説話，引述了猶太經典《他勒目》（*Talmud*，又譯《塔木德》）的説話，引述了聖經的説話：「使人和睦的人有福了，因為他們必稱為神的兒子。」

奧巴馬的演説把和睦放在一個文化、政治及宗教關係的網絡中，提示了使人和睦不只是個人與個人之間的事，更是種族與種族、國與國，甚至文化與文化上的接觸及兼容並存的事。九一一事件裏，有超過三千人在這單一事件中喪生，我們可以了解到在這普世的環境下，缺乏和睦有何等嚴重的後果。

但甚麼是和睦？為甚麼使人和睦者在天國降臨時會被稱為神的兒子？

認識和睦

我們要留意耶穌的話，祂沒有説愛好和睦者必稱為神的兒子，沒有説渴望和睦的人必稱為神的兒子，也沒有宣告嚮往和睦的人必稱為神的兒子，而是那些使人和睦的人必稱為神的兒子。使人和睦這説法明顯地帶有主動的成分，使人和睦者就是指在敵對者中間設法締造和睦，主動去建立和睦的人。所以，這話的重點在於達致和睦的行為，而非單單渴望和睦的心態。《和合本修訂版》的翻譯是「締造和平的人」，比《和合本》的翻譯更能反映原文的意思，而英文譯本的翻譯“peacemakers”也值得參考。

「和睦」（《和合本修訂版》譯作和平）有何意思？若

從登山寶訓一段的處境中去理解的話，和睦或和平的意義有兩方面：一方面是化解紛爭，另一方面則是修補關係，而兩者是並存的。從登山寶訓，我們可以很清楚地明白和睦所指的是哪類行為。在馬太福音五章 21 至 48 節，耶穌作出了六大宣告，全部都與締造和睦有關的：動怒（21 ～ 26 節）、淫念（27 ～ 30 節）、休妻（31 ～ 32 節）、起誓（33 ～ 37 節）、報復（38 ～ 42 節），最後是愛仇敵（43 ～ 48 節）。這六項教導就是實踐和睦的指標和提示。所以，若要明白耶穌所說的和睦有何含義，這段經文就是很好的說明。

締造和睦這話暗示了衝突的存在。在人世間，凡有人的地方就會有衝突。根據聖經的教導，衝突之所以出現，惟一的原因就是罪惡；該隱與亞伯的故事就是一個很好的例子（創四 1 ～ 16）。這故事中有一句很經典的話，當神問該隱「你兄弟亞伯在哪裏？」時，該隱回答說：「我不知道！我豈是看守我兄弟的嗎？」（9 節）當該隱不再認為自己有責任「看守」他的兄弟時，衝突就開始了，而該隱對亞伯如此狠心，是因為罪已經進佔了他的心。罪是引致衝突產生的第一因。

在這樣的現實人生處境中，締造和睦者最終所面對就是罪惡。當締造和睦者要實踐這使命時，他們面對著一個充滿敵視和敵意的環境，面對各式各樣的難處，包括排斥和迫害等。另一方面，我們不可忘記耶穌所宣講的八福，其對象是一羣毫無政治力量的普通人，他們本身亦每日面對欺詐、壓迫、不公的威脅。在這樣的情況下，若他們確實要締造和睦的話，除了勇氣和決心外，更重要的就是信心——相信最終當人的話說盡、事做盡後，惟獨神的旨意能夠成就。

締造和睦的出發點，因此是要對神的救恩有十足的信心。

學習神的榜樣

耶穌應許說締造和睦者必被稱為神的兒子（或「神的兒女」）。但何謂「神的兒子」？這是一個來自舊約的觀念，「神的兒子」其實是指神的使者或天使（參伯一6），所以在舊約中，「神的兒子」有時候指神的「僕役」。但在耶穌所宣告的八福中，神的兒子（女）似乎有點不同，所指的是那些行為表現出神的本性的人。因此耶穌的宣告反映了對神的理解很重要的一個層面，就是天父是喜悅和睦的，而祂就是至高無上的締造和睦者。所以凡屬祂的，或自認是屬祂的，其驗證的標準就是像祂一樣喜愛和睦。

在登山寶訓中，耶穌有些說話給我們很大的幫助，去了解神與和睦的關係。在馬太福音五章43至48節，耶穌教導門徒要「愛你們的仇敵，為那逼迫你們的禱告」（44節）後，祂接著說：「這樣就可以作你們天父的兒子（或女）」（留意這句話與第七福的宣告是相同的），讓我們明顯地知道和睦中包含了寬恕和愛。為甚麼耶穌的門徒要愛仇敵？原因是這是神的本性：「因為他叫日頭照好人，也照歹人；降雨給義人，也給不義的人。」(45 節)這句話的關鍵是公義，但這公義並非建基於懲罰，如「以眼還眼，以牙還牙」(38 節)等，而是建基於憐憫，這就是神締造和睦的方式。當耶穌總結這段的教導時，祂勉勵門徒說：「所以，你們要完全，像你們的天父完全一樣」(48 節)，亦即是說，耶穌的門徒要努力地學習神的榜樣，模仿神的行為模式，以和睦作為與人相處的指標。

聖經中的例子

在這個人際關係裏充滿了緊張氣氛、磨擦的社會中，我們實在需要學習和睦的功課。聖經中有一個很值得我們學習的個案，就是亞伯拉罕與羅得的個案。

創世記十三章告訴我們「亞伯蘭的金、銀、牲畜極多」(2 節)，而與他同行的姪兒羅得也不弱(5 節)，結果就是「那地容不下他們，因為他們的財物甚多，使他們不能同居。……亞伯蘭的牧人與羅得的牧人相爭」(6～7 節)。我們不要以為他們的「相爭」只是一般利益上的衝突，因為「那地容不下他們」(6 節)反映了一個重大的危機，就是地方資源有限，不夠分配。對以畜牧為生的人，土地的資源就是命脈，當資源不夠分配時，兩人的家庭及牲畜的生存都會面臨危機。不但如此，經文中有一個短短的註腳，表達了這危機的嚴重性：「當時，迦南人和比利洗人在那地居住。」(7 節)原來在那地，除了他們兩人的家庭外，還有別的民族與他們一同居住，這些民族比他們較早生活在這地上。這樣，亞伯拉罕和羅得的家庭就是屬於寄居者，是少數，他們要以外來者和少數派的地位，與其他民族一同使用迦南地上有限的資源。所以，相爭是因為生存的問題。

既然衝突是因生存的空間而起，那麼可如何化解？這時候，亞伯拉罕就挺身而出，向羅得提出一個方案：他們要分開居住。亞伯拉罕對羅得說：「請你離開我」（創十三9）。這是一句很有體貌，也是滿有誠意的話。而亞伯拉罕請求羅得「離開」的方式，就是讓羅得有絕對的自由選擇他要居住的地方：「你向左，我就向右；你向右，我就向左」（9節）。就這樣，亞伯拉罕化解了一個能撕裂這家庭的衝突。

關於締造和睦，從這例子有何值得學習之處？

1. 亞伯拉罕**承認衝突的存在**，他對羅得說：「你我不可相爭」（創十三8）。正視衝突的存在是達至和睦的第一步，倘若對衝突避而不談，甚至假裝沒有衝突，那麼這只是表面上的和睦，並不是真正的和睦。
2. **承認自己在衝突中的責任**。亞伯拉罕說：「你我不可相爭」（創十三8），是很坦白、誠實、甚至謙卑地承認自己在這事上也有責任。在一個家長權威由上而下的家庭關係中，亞伯拉罕的身分和地位當然在羅得之上，他本可以用「家長式」的方法解決這衝突，但他沒有選擇這樣做，反而謙卑地承認自己也有責任，願意共同尋求化解的方案。

3. 亞伯拉罕**主動地採取行動結束紛爭和敵對的局面**。他的主動不限於承認自己的責任，他向羅得提出化解方案，把選擇的權利拱手讓給羅得，也表現出他的主動。在生命受威脅的大前提下，這是很難得的。結果羅得選擇了全迦南地最美好的土地（創十三 10）。這點顯示了在化解紛爭衝突的過程中，有時候要冒險，作出犧牲。亞伯拉罕承擔了這風險。
4. 亞伯拉罕肯定他與羅得的**關係比一切更重要**。他說：「因為我們是骨肉」（創十三 8），這骨肉的關係是至為重要的，所以要盡力維護和保持，包括犧牲原本屬於自己的事物。在現代社會，很多時候，紛爭的產生是因為我們把私利放在首位，凌駕於人與人的關係上，而最終保持了利益，卻失去與人的關係。
5. 亞伯拉罕是個**信靠神**的人，他所締造的和睦，是出於信心的。當羅得選擇了上好的土地，離開亞伯拉罕後，亞伯拉罕未來的發展多少會受到影響，除了土地的問題，還有後嗣的問題。因為羅得與亞伯拉罕同行的作用之一，可能就是羅得將會成為亞伯拉罕的後嗣。但羅得離去後，亞伯拉罕的打算就落空了，難怪他會因此而憂慮。相信這是耶和華在事後向亞伯拉罕重申自己的應許的用意和原因（創十三 14～17），而亞伯拉罕也憑信心接受了神的應許（18 節）。

亞伯拉罕是名副其實的締造和睦者，他能這樣行，相信是出於好意，並他有寬大的胸襟，甚至是因他討厭紛爭，喜歡和睦的關係。但更重要的，就是他這樣行反映了他是個承受神的祝福的人；承受神的祝福的人，理應有這樣能力締造和睦的關係。不但如此，亞伯拉罕也是個蒙召要使別人因他得福的人，而締造和睦就是他使人得福的途徑。

締造和睦這課題中，有很深、很重要、具有救贖意義的功課。

在世界實踐和睦

在近代歷史中，和睦與復和或和解等觀念，很多時候會被人相提並論。甚麼叫「復和」?這觀念所指的，就是藉著發掘真理、建立公義及實施憐憫三方面，使短暫的和睦能變為永久的和平，從而永久地止息紛爭。一個時常被引用的例子是南非的個案。

從一九四八年起，南非實行種族隔離政策，有色人種長期被白人政府壓迫和剝削。到一九九四年，南非進行大選，由非洲國民議會勝出，曼德拉當選為總統。曼德拉面對一個國家由專制政體轉型為民主政體的難題：如何對待舊體制過去犯下的錯誤和罪行？具體來說，就是如何一方面糾正舊政權犯下的不公不義之事，又同時能夠擺脱仇恨向前看？這是一個兩難的局面，因為往前看決不能等同把過去的事置諸腦後，若是如此，就是另一種不公，而當不公平繼續存在，和睦或復和是無法實現的。

曼德拉選擇帶領南非走向和解與復和。在曼德拉的推動下，南非政府在一九九五年成立真相調查與和解委員會，由當時的聖公會大主教，民權領袖杜圖（Desmond Tutu）任主席。這個委員會的工作主要有兩方面：（一）讓種族隔離政策下的受害人有機會講述受迫害的經過；（二）讓在這政策下犯了違反人權罪行的人有自首的機會，在某些特定的條件規範下，自首的人有權利請求特赦，而委員會也有權力特赦，或拒絕申請。主導這委員會工作的原則，就是「用特赦換取真相，用真相換取和解」。在委員會的帶領下，全國各地展開了聽證會，委員會又逐個個案去調查。在這個過程中，受害人可以說出自己慘痛的經歷，而加害者也可以說出內心因犯下暴力罪行所受的煎熬和自責，又有機會公開道歉和表示懺悔。結果，過去南非白人政權所犯下的種種暴行得以公告於天下，而奇妙的就是，這沒有引發暴亂，也沒有嚴厲的報復。到一九九八年，真相調查與和解委員會結束工作，向南非國會呈交了調查報告。

值得我們注意的是，這個委員會的目的在於發掘真相，製造條件讓真相能夠呈現出來，又在所呈現的真相的基礎上，尋求犯罪的和被罪的人之間達成寬恕與和解。這是一個尋求和睦、建立和睦的嘗試。南非的真相調查及和解委員會後來成為一個樣版，至今世界上有不下於十六個國家正在或曾經有過類似組織。南非的真相調查及和解委員會為世上各處曾經發生過衝突與紛爭的地方，提供了一個和解的模式：讓真相呈現出來，然後由衝突雙方在這真相的基礎上進行和解。

在南非的例子中，有三個人可說是近代歷史中締造和睦者的例子：曼德拉、當時的聖公會大主教杜圖、南非最後一任白人總統克拉克（Frederik de Klerk）。南非成功地化解種族仇恨，他們作出了重大貢獻。在三人中，曼德拉的角色更是舉足輕重，值得學習。台灣的施明德，為杜圖大主教的著作 *No Future without Forgiveness* 的中譯本《沒有寬恕就沒有未來》書寫推薦序時，就這樣談及曼德拉：「曼德拉先生沒有讓自己的苦難成為挑動傷痕的武器，他成為和解及寬恕的化身。」

六．四二十週年之前，前北京《光明日報》記者戴晴提出了一個方案，認為中國可以借鏡南非的例子，來化解因六．四而起的矛盾。她在《亞洲週刊》發表了一篇文章，題目是〈和解超越平反〉。[1] 她在文章中表示，對六．四，她不贊成用「平反」方式處理。對政治運動的受害人而言，平反固然可以恢復個人的聲譽，還他們一個清白，但平反的過程只是迴避了製造冤案的人和制度的問題，沒有認真面對和處理，因此不能阻止同類事情會再發生。她指出很重要的一點，就是「沒有公正的真相調查，正義無以展現，而沒有正義，當局一口價的『平反』，能導致社會和解麼」? 在這大前提下，他認為「只有南非杜圖大主教通過真相正義，最終達到社會和解的模式，最適合六．四這帶血帶恨的解不開的結」。

戴晴的言論引起了不少的迴響，王丹和嚴家祺等人都在報章發表文章，從不同角度作出了回應。最終，在若干年後，六．四事件是平反還是和解，我們只能引頸以待。但毫無疑問，中國極需要有人在其中推動和睦。這和睦與國家領導人所倡導的和諧社會不可同日而語，因為目前的和諧是犧牲了公義和法治的和諧，是虛假的。相反，和睦是建基於公義和憐憫的基礎上。

總結

我們要追求和建立和睦，不應只是浮於表面的，不應假裝關係正常，或掩飾不和、衝突，因為我們所要的不是和睦的氣氛。耶穌教導我們要建立的和睦，是以正視人的軟弱和罪惡，同時有憐憫、寬恕的和睦。有錯，就必須承認；而對承認錯誤的人，要以憐憫的心對待，把他重新建立起來。

正生書院之前計劃遷校到大嶼山梅窩一事，再次讓我們體會到，在一個人際關係充滿了歧視和張力的社會中，成就和睦是何等艱巨又何等重要的使命。面對耶穌的宣告，我們不要以等待和睦為滿足，不要以渴望和睦為滿足，我們要奉耶穌的名，作和睦的推手。正因為這是艱巨的工作，在學習和實踐締造和睦的過程中，我們每時每刻都需要從耶穌的宣告和應許支取力量：「使人和睦的人有福了，因為他們必稱為神的兒女！」

禱告

成就復和的主，祢為建立和平來到世上，求祢使祢的百姓成為一羣締造和睦的子民，在這個人與人之間充滿紛爭、衝突、張力的世界中，奉祢的名播下和睦的種子。阿們。

思考問題

❶ 對使人和睦這事，你有何體會？

❷ 當要實踐使人和睦的功課時，你面對甚麼挑戰？

❸ 你願意作耶穌的門徒，成為使人和睦的使者嗎？

17

為義受逼迫的人有福了！

馬太福音五章 10 節

波羅的海沿岸有一個小國，名叫立陶宛（Republic of Lithuania）。當地有一個著名景點，一般被稱為十架山（Hill of Crosses）。這個小小山丘原本沒有甚麼特別之處，不過因為這小小山丘上豎立了數以萬計、大大小小的十字架，所以它被稱為十架山。

按考據，十架山起源於十九世紀，當地百姓因為反抗俄國的統治而起義，有些被殺的人的遺體無法被尋回，於是有人把一些粗糙的十字架放在這山丘上，聊作紀念。誰知這樣就成為了傳統，一直保持到今天。在第二次世界大戰後，從一九四四至一九九〇年間，立陶宛受蘇聯所統治，居民仍然不斷把十字架放在這山上。雖然蘇聯當局曾經多次用推土機想把這山上的十字架清除，但每次移走後，相隔不久又會再有十字架在山上出現。所以十架山就成了人沉默地、勇敢地面對逼迫，誓不低頭的象徵。他們雖然手無寸鐵，但憑著威武不能屈的勇氣，對掌權者的欺壓作無聲抗議。今天已再無政治迫害，但當地居民仍會為各種原因，把十字架放在這山上。

十架山是個很有力的象徵，宣告基督的十字架最終必然勝過各種迫害。但基督的得勝並非意味跟從祂的人就能一帆風順，平步青雲，因為基督的得勝，並沒有令信徒免卻受逼迫的威脅；相反，這威脅愈來愈真實和迫近。

最後一個福

八福以「為義受逼迫」作為結束是很有意思的，也反映了編排的人的心思。

從八福的編排來看，第八福與第一福遙遙相對，起了互相呼應的作用。從意義上來說，第一福的虛心或靈裏的貧窮，可視為是整個系列的基礎；而第八福就是整個系列的高峯。一方面，靈裏貧窮所指的是人對神及祂的國度的信靠和等候。而另一方面，「為義受逼迫」是指人對神國度的追求和堅持，兩者合起來就是信徒對神國度的信靠和委身。難怪這兩福都有相同的應許：「因為天國是他們的」，那些願意恆心地等候天國的，和那些願意為天國付出代價的，耶穌基督向他們保證，他們的渴慕和追求必定不會落空。而整個八福的系列是以為義受逼迫為高峯的，就讓我們知道第一至七福，都是指向最後的「為義受逼迫的人有福了！」的宣告，也多少與這宣告有關。

根據「公義」於八福裏的出現，八福可劃分為馬太福音五章3至6節及7至10節兩部分。有學者這樣形容第一至四福，和第五至八福的編排和關係：第一至三福是逐步展現飢渴慕義者的心態、屬靈光景及狀況，因為生活裏長期的缺乏，以致對公義有殷切的渴望。至於第五至七福所反映的，就是一些容易導致當事人被迫害的行為或取態，因而逐步展現為義受逼迫者的心路歷程。[1]這樣的分析讓我們看見整個八福系列是環環相扣的一個整體。總結而言，這是肯付出代價，為要對神委身的信徒的屬靈的生命及生活方式。

我們應如何理解「義」的意思？若按照馬太福音五章6節，義指神的公義，是一切律法的基礎，也是神的國度所彰顯的，因為神的國就是神的義能暢通無阻地運行的所在。所以要進天國的人的生命，也必不能是不義的。在6節，耶穌應許飢渴慕義的人必得飽足，意思就是他們的追求和努力是不會落空的，因為神必然會賜給他們。這樣我們就明白義在最終而言，並非人的努力所能達到的，而是神的恩典，是神所賜的。現在，到八福的高潮，耶穌宣告說那些肯為得著義而吃苦的人，他們所作的犧牲不會白費。這話說明了義是耶穌的門徒所要追求的目標，要成為他們一生的使命和呼召。

信徒受逼迫是為義，是因為對「義」的認真、堅持、執著、追求和渴慕而被逼迫。這就顯示出為義受逼迫的遭遇可以：(一)是出於**被動**：信徒只想按著神的旨意和律法而行，無奈地卻招來逼迫；或是（二）出於**主動**的：就是明知按著神的旨意而活，必定會招致敵對，但仍然堅持，因而受到逼迫。

信徒因為行義而受逼迫，反映了他們的生命並非出世，而是入世的。耶穌呼召人，並非要求他們脫離這個罪惡的世界，在一處寧靜的樂土中安然、無拘無束地建立耶穌的烏托邦。聖經中的義，是要求人在一個滿佈泥濘的人際關係網絡中按著神的旨意而行，所以義其實指向一種信仰和生活實踐的模式，是信徒活在世界中的盼望或異象，是跟隨耶穌的人要努力在世界中實踐的。

把為義受逼迫放在最後的位置，是把整個八福系列都放在一種很特殊的亮光中，也宣告了一個很重要的信息：耶穌所應許的福，並非世人所期望的。世人所期望的福，不論甚麼形式或型態，是斷不會叫人吃苦的，但耶穌所應許的福，卻是相反的，是會叫人吃苦，甚至要求人吃苦的。這重要的信息是，跟隨耶穌並不是一條容易行的路，而是一條艱辛的路，一條危險的路，一條苦路，但那些能夠堅持在這苦路上行走的人，是行走在一條蒙福的路上。

仍面對逼迫

從文法上看，為義受逼迫中的「逼迫」所表示的，是一個延續的狀態：逼迫，曾經發生過，而現在仍繼續。這句話適用於新約及初期教會時代，也適用於今日。

曾經在電郵中收到一些關於印度基督徒被迫害的

消息。在二〇〇七年十二月左右，東印度的奧里薩邦（Orissa），一處遠離香港的地方，有報導說基督徒被印度教徒迫害。至二〇〇八年八月下旬，因為一宗政治殺害事件而爆發迫害，起因是當地一名印度教領袖被殺害。雖然，實際上兇徒屬於一個毛派的政治組織，而這組織亦已公開為事件負責，但當地仍有謠傳事件與基督徒有關。就這樣，在短短數天，奧里薩邦的印度教徒就對基督徒展開大規模迫害。整件事在大約一個月後結束，共有五十九人喪生，一百五十一所教堂及十三間學校被毀，逾四千間基督徒住的房屋被焚毀，有一萬八千多人受傷，另有五萬人要逃離家園。

據當地的分析，基督徒受迫害的原因之一，就是他們的事工帶來的社會改變，不為印度教徒所認同和接受。印度是一個民主國家，法律上也不承認階級的劃分，但階級觀念在印度存在千百年，在一些地區仍根深蒂固，無法改變。在這階級的劃分中，若屬「賤民」階級的，一生一世、子子孫孫都是賤民，沒有受教育的機會。但教會卻為這些人提供受教育的機會，改善他們的生活，這樣就被印度教徒仇視。

我們可能會認為這件發生在「天涯海角」的事，與我們有何相干？若我們真的這樣想，我們就錯了。不要忘記保羅對哥林多教會的話：「若一個肢體受苦，所有的肢體就一同受苦。」（林前十二 26）我們和遠在印度奧里薩邦的基督徒同為基督的身體，他們受苦，我們也受苦；他們受逼迫，我們也同樣受逼迫。我們不能置身事外。

信心和忠心的考驗

面對逼迫，是我們信心和忠心的最大考驗。

先知以利亞事奉的時代，以色列國受巴力宗教全面侵蝕。在亞哈王和王后耶洗別的統治下，以色列國成了巴力的天地，巴力宗教得著政府大力支持，正在慢慢蠶食人民敬拜耶和華的心，以色列的傳統信仰可說是岌岌可危。在這個黑暗的時代中，凡是忠心事奉耶和華的人都是不受歡迎的，甚至可被視為執政者的敵人。這就是以利亞的遭遇。當他在迦密山上戰勝了巴力先知，轟轟烈烈地證明了耶和華是真，巴力是假之後（王上十八 1～40），這事件並未的結束，反而噩夢開始。因為與巴力先知的鬥爭剛結束，就傳來王后耶洗別不取其性命誓不罷休的消息（十九 2）。這位英雄被迫落荒而逃。

以利亞最初在經文中出現時，是滿有自信和膽量的：「這幾年我若不禱告，必不降露，不下雨。」（王上十七 1）但當他逃命到曠野時，已經判若兩人，他向耶和華說：「罷了！」（十九 4）原文是「（太）多（了）！」（按：括號內文字為作者所加），或更傳神地譯為「（我受）夠了！」（按：括號內文字為作者所加），反映了他的挫敗感有多深刻。而在失望與沮喪中，他表示要放棄了。他向耶和華求死，理由是「因為我不勝於我的列祖」（4 節）。「列祖」可以解釋為「先人」，表示以利亞認命，若人人都有一死，那麼他寧願死在耶和華手上。「列祖」的另一個解釋是指在他以前的先知，這描繪了一幅傳統的圖畫：凡是奉神的名宣講的都會因此而被逼迫，以利亞也不例外。

面對逼迫時，以利亞似乎完全崩潰了。最後他逃到何烈山，神先後兩次問他：「以利亞啊，你在這裏做甚麼？」（王上十九 9、13 節）他先後兩次用相同的話（10、14 節）埋怨神：在一個背離神的世代中，不少神的先知被殺害。雖然面對這極端的危險，他仍站穩立場，緊守崗位，高舉耶和華的名字，赤膽忠心，但結果如何？還不是要狼狽地逃命！忠心地事奉神，追求公義，有何益處？若是如此，豈不是生不如死？在殘酷的逼迫中，以利亞開始對追求公義，以及對賜公義的神，有所懷疑。他對神的質問，反映了他有意圖背棄臨到他身上的呼召。有學者認為，這段記載可能為以利亞作先知的任務畫上句號，因為神回應他的申訴時，吩咐他去膏立三個人，其中包括以利沙，他的接班人（15 ～ 17 節），可見以利亞的工作到此為止，神撤回了給以利亞的任務。

最後，耶和華向以利亞透露了祂的計劃：在以色列中，祂會留下七千人，他們不會向巴力屈膝，也不會與巴力親嘴（王上十九 18）。這啟示，直接回應了以利亞的說話「只剩下我一個人」（10、14 節）。這事會在將來出現，但現在是萌芽期。這七千人不一定是一個經統計後得出的數字，而是一個虛數，表示一羣為數不少的人。這羣人相信會分佈在以色列各地，他們的共通點就是面對著來自敬拜巴力人施與逼迫時，他們能夠站穩立場，拒絕向巴力和惡勢力低頭。他們甘心地為義受逼迫，願意冒生命的危險，堅守崗位。這七千人的存在，證明神是不會被惡勢力擊倒的。可惜以利亞不會參與其中，神撤消了他的任務。

被逼迫的以利亞，以及得到勝利的以利亞，看似兩個截然不同的人。這幅對照鮮明的圖畫令我們感到可怕、可惜、可悲。**可怕**，是因為若逼迫能使信心的偉人以利亞跌倒，那麼我們這些半生熟的信徒在逼迫中又怎能站立得住？**可惜**，是因為若以利亞這樣赤膽忠心的人，在逼迫中尚且會背棄神的呼召，半途而廢，那麼我們這些本來就已經不冷不熱、不三不四的信徒，常常徘徊在世俗與神的國度間，已經習慣了安逸地生活，當逼迫來到時，我們的信心能貫徹始終嗎？**可悲**，是因為若曾經歷過屬靈的爭戰而得勝，又曾親眼見過神蹟奇事的一個人，尚且在逼迫中崩潰洩氣，那麼我們這些對屬靈的追求毫不重視，覺得耶穌的道可有可無，重視眼前、重視現實的信徒，當落在逼迫和試煉中時，豈不是會比以利亞更快、更撇脱地拋棄神和祂的道嗎？當我們落在逼迫中，誰能救我們脱離背棄神、否認祂的引誘？

面對逼迫的能力

逼迫當前，我們有何盼望？著名神學家潘霍華在《追隨基督》（*The Cost of Discipleship*）一書中有這樣的一句話，大意是：耶穌不會向我們提出要求，卻不把實踐的能力賜給我們的（Jesus asks nothing of us without giving us the strength to perform it）。

在馬太福音十章 16 至 42 節，耶穌提醒即將出去傳道的門徒要認清楚這世界，要知道他們奉差遣進入世界，就如同羊進入狼羣中一樣（16 節）。他們將會被捉拿，受各樣的逼迫（17～18 節）。但危險當前，耶穌給門徒安慰：

1. **天父要成為他們的力量**（太十 19～20）。當他們為義受逼迫時，他們無須擔心如何應對，因為父的靈會把當說的話賜給他們（19～20 節）。當他們以為是獨自一人面對逼迫時，其實天父就站在他們身旁，堅固他們，扶持他們，賜他們智慧和能力。所以他們能無懼危險，更能反客為主，在受審判的時候轉變成為主作見證的機會，向敵人宣告天國的信息。
2. **要憑信心「忍耐到底」**。當逼迫升級時（太十 21～22），施與逼迫的人是自己家裏的人，門徒就要「忍耐到底」（22 節）。「到底」就是「盡」，「盡」只有一個意思——至死方休。這樣看似很絕望，但這忍耐是帶著盼望的，因為耶穌說：「以色列的城邑，你們還沒有走遍，人子就到了。」（23 節）「走」其實是指逃難，但逃難的日子必不會長久，因為人子再來的時候近了。
3. **要知道神愛他們**。神的愛要成為他們的激勵：「你們的頭髮也都被數過了。」（太十 30）門徒可以放膽地、勇敢地在眾人面前宣講天國的信息，無須膽怯和懼怕，祂既然看顧小麻雀，也必然會看顧那些為祂的名日夕經歷死亡的信徒。

4. **對主誓死效忠**。最後，在這信心的大前提下，信徒要作好準備，在無可選擇之中作出選擇(太十 37～39)。

這些就是耶穌賜給門徒面對逼迫的能力。耶穌要祂的門徒知道，在最難的關頭，眾叛親離的處境中，他們看似孤軍作戰，實際上神與他們同在，每步同行。

總結

在最後晚餐的晚上，耶穌快將被出賣，並要踏上這條引到各各他的苦路，被釘在十字架前，耶穌向彼得和門徒預言說：「撒但想要得著你們，好篩你們像篩麥子一樣」(路二十二 31)，再一次提醒他們，所選擇的路並不是一條容易的路，而是一條危險的路，他們要作好準備。不過，危險當前，耶穌安慰他們說：「但我已經為你祈求，叫你不致失去信心」(32 節)，字裏行間，流露出耶穌的體貼、關心。祂知道門徒的軟弱，祂知道門徒只不過是人，所以祂要為這些門徒禱告，求天父堅固他們，叫他們「不致失去信心」。這還不止，耶穌更告訴他們，當逼迫過後，「你回頭以後，要堅固你的弟兄」(32 節)。當他們的生命經歷過火的鍛煉後，他們能夠成為同樣落在逼迫中的弟兄的榜樣、力量和盼望，幫助他們面對臨到他們的逼迫。

逼迫固然可怕，但耶穌的禱告和代求更有能力，這就是我們的安慰。耶穌不會撇棄受逼迫的信徒，讓他們可憐地、孤單地面對敵人的苦害。祂要我們知道，在最難熬的時候，祂最貼近我們。祂要我們知道，不是我們為祂爭戰，而是祂為我們爭戰。

為義受逼迫的人有福了！因為天國是他們的。

禱告

知道世人軟弱的主，逼迫是可等可怕！求主救我脫離這處境。但神的羔羊，基督耶穌，祢是為我而承受敵人的逼迫，祢就是為義受逼迫的榜樣。主啊，教導我如何為天國的緣故，甘心面對逼迫。阿們。

思考問題

❶ 第八福與其他的福有何關係？
❷ 為何信徒會因義的緣故受逼迫？
❸ 為何為義受逼迫的會得著天國？

註釋

頁 i

1. Thomas a Kempis, *The Imitation of Christ*, ed. and trans. Joseph N. Tylenda, Vintage Spiritual Classics (New York: Random House, Inc., 1998), 63.

1 仁愛

1. “Little Things Mean a Lot”, Lyrics by Edith Lindeman , Music by Carl Stutz.

5 恩慈

1. 參香港政府統計處二○○二年資料。
2. 李家同：《讓高牆倒下吧》(台北：聯經，2011)，頁 118 ~ 122。
3. 參 newhamg.myweb.hinet.net/13/page13-11.htm；瀏覽於 2012 年 6 月 25 日。

6 良善

1. 見《明報》，2005 年 4 月 18 日報導。

8 溫柔

1. 張文光：〈她喚醒人類的自由和良知〉，《明報》，2005 年 6 月 24 日。

9 節制

1. 參洪子雲：〈雜誌、消費與自我〉，《燭光網絡》第 23 期，2002 年 3 月 31 日，頁 18。

10 虛心的人有福了！

1. 參胡錦濤「在省部級主要領導幹部提高構建社會主義和諧社會能力專題研討班上的講話」，《人民日報》，2005 年 2 月 20 日。
2. 參杜大衛：〈2009 謙卑的一年〉，《明報》，2009 年 1 月 2 日。

11 哀慟的人有福了！

1. 李永峰、張潔平、朱一心、張曉雅：〈大地震喚醒中國人心，廢墟中站起公民力量〉，《亞洲週刊》，2008 年 6 月 1 日，頁 26。
2. 蔡子強：〈年度風雲人物溫家寶〉，《明報》，2009 年 1 月 8 日。

13 飢渴慕義的人有福了！

1. 劉陽：〈靈魂震撼，但不怨艾——談虹影《飢餓的女兒》〉，《大公報》，2007 年 9 月 21 日。

15 清心的人有福了！

1. 參明．劉基《郁離子》。
2. 見《明報》，2008 年 3 月 13 日報導。

16 使人和睦的人有福了！

1. 戴晴：〈和解超越平反〉，《亞洲週刊》，2009 年 3 月 15 日，頁 36。

17 為義受逼迫的人有福了！

1. 參 Hans Dieter Betz, *The Sermon on the Mount: A Commentary on*

the Sermon on the Mount, including the Sermon on the Plain, ed. Adela Yarbro Collins (Minneapolis: Fortress Press, 1995), 142。